汽车电控系统认知与实践

主　编　殷晓飞　郝　飞
副主编　刘　英　李常春
参　编　苏慧冬　王鹏飞
　　　　刘海龙　王和平

北京理工大学出版社
BEIJING INSTITUTE OF TECHNOLOGY PRESS

内容提要

"汽车电控系统认知与实践"是一门涉及汽车电子控制技术、传感器技术、智能网联等多个领域的理论与实践相结合的综合性课程。其开设目的是帮助学生了解汽车电控系统的基本概念、组成和工作原理，掌握相关工具和设备的使用方法，并通过对实际案例的分析和实践，培养学生的创新思维。课程内容包括发动机、自动变速器、底盘、车身电器、车身安全等部分的电控系统的认知和实践。本书共包括 9 个项目，涵盖 36 个工作任务。每个项目中设置了实操环节，便于读者能够更好地理解和掌握汽车电控系统的基本知识和实际应用。本书旨在培养学生在汽车电子控制领域的应用能力、创新能力和实践能力。通过本书的学习，学生能掌握从事汽车电子控制相关工作的基本知识和技能。

本书适用于职业本科及高职高专院校汽车类专业的一体化教学，也可供汽车维修技术人员学习参考。

图书在版编目（CIP）数据

汽车电控系统认知与实践 / 殷晓飞，郝飞主编 . --
北京：北京理工大学出版社，2023.11
ISBN 978-7-5763-3230-8

Ⅰ . ①汽… Ⅱ . ①殷… ②郝… Ⅲ . ①汽车－电子系统－控制系统－高等学校－教材 Ⅳ . ① U463.6

中国国家版本馆 CIP 数据核字（2023）第 244374 号

责任编辑：阎少华	文案编辑：阎少华
责任校对：周瑞红	责任印制：王美丽

出版发行 / 北京理工大学出版社有限责任公司
社　　址 / 北京市丰台区四合庄路 6 号
邮　　编 / 100070
电　　话 /（010）68914026（教材售后服务热线）
　　　　　（010）63726648（课件资源服务热线）
网　　址 / http://www.bitpress.com.cn
版 印 次 / 2023 年 11 月第 1 版第 1 次印刷
印　　刷 / 河北鑫彩博图印刷有限公司
开　　本 / 787 mm×1092 mm　1/16
印　　张 / 15.5
字　　数 / 336 千字
定　　价 / 76.00 元

图书出现印装质量问题，请拨打售后服务热线，负责调换

前 言
PREFACE

　　本书旨在为汽车专业的学生、汽车维修技术人员、汽车爱好者等读者群体提供全面、实用的汽车电控系统认知与实践指导。通过对发动机控制系统、自动变速器系统、底盘电控系统、车身电器系统、车身安全系统、舒适娱乐系统、纯电动动力系统、混合动力系统、智能驾驶辅助系统的主要组成、分类和工作原理等知识点的学习，学习者可对汽车电控系统形成基本的认知；通过各部分相应的实操练习，学习者可在认知基础上掌握实操要领。理论与实践相得益彰，有助于学习者为今后在汽车工程及相关领域从事汽车电控检测与维修等工作打下坚实的基础。

　　本书积极探索新时代大学生课程思政教育教学，并在书中设置了许多二维码，力求在职业岗位和素质、知识、能力结构调查分析的基础上，以学习者掌握汽车电控系统基本知识构筑扎实的理论基础为目标，从而构建项目导向、任务驱动的教学体系。教学内容突出基础性、专业性，以理论适度、重在实践为原则，将汽车电控系统中可能要应用到的基础知识与基本技能作为主要教学内容。在教学方式上，本书采用项目教学和工作任务教学法，注重基础知识与职业技能的培养，旨在提升学生的综合素质和职业能力。

　　本书由呼和浩特职业学院殷晓飞和郝飞担任主编，呼和浩特职业学院刘英、李常春担任副主编，呼和浩特职业学院苏慧冬、王鹏飞，北京小车匠信息系统有限公司刘海龙、王和平维修工程师参与本书编写。其中，项目1、项目2由殷晓飞和王鹏飞编写；项目3由刘英和王和平编写；项目4和项目5由李常春和刘海龙编写；项目6至项目9由郝飞和苏慧冬编写。苏慧冬、王鹏飞参与实操教学视频录制。

　　限于编者水平有限，书中难免存在不妥之处，恳请读者提出意见与建议。

编　者

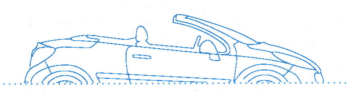

目 录
CONTENTS

项目 1
发动机控制系统

 **情景描述**

  修理厂来了一辆宝马轿车。据车主反映，发动机加速无力。维修人员打开引擎机盖，发现这辆车没有分缸线、油门拉线。这是怎么回事呢？

 **项目概述**

  本项目主要讲述汽车电控技术的基础知识，是后续课程中进行相关试验、检测与维修的必备知识。学习和掌握发动机电控技术的组成和功能，可对电控技术在发动机中的作用有明确的了解。

项目目标

  1. 具备严谨的工作态度，严格的质量意识、安全意识、环保意识和良好的职业素养。

  2. 具备与团队成员和其他相关人员的沟通能力。

  3. 了解汽车电控技术的发展趋势。

  4. 掌握发动机电控系统主要组成部分。

  5. 掌握发动机电控系统各组成部分的元器件及工作原理。

  6. 能够实车识别发动机电控系统各组成部分。

任务 1
发动机电控系统的认识

📖 **任务引导**

随着发动机技术的发展，发动机的电控技术也越来越成熟了，越来越多的修理工不再满足于现有的传统修车技术转而学习发动机电控技术。这几年，各汽车生产厂家对发动机新技术开发投入的力度越来越大，各种发动机电控系统也层出不穷。发动机电控技术有哪些？组成是什么？功能是什么？这是本任务需要了解的内容。

📝 **任务描述**

通过本任务的学习，熟悉汽车电控技术的发展，了解发动机电控技术的发展趋势，掌握发动机电控系统的功能和组成，为后续的应用场景学习打下坚实的基础。

✏️ **任务目标**

1. 培养对汽车行业的兴趣和敬业精神。
2. 增强团队合作意识。
3. 能描述发动机电控系统的组成。
4. 能实车认知发动机电控系统的组成。

 **任务准备**

一、汽车电控技术的发展史

汽车电控技术的发展过程大致经历了三个阶段：第一阶段，自 20 世纪 50 年代至 20 世纪 70 年代中期，模拟电子电路控制阶段。该阶段中，主要是电子装置替代了机械部件。第二阶段，自 20 世纪 70 年代中期至 20 世纪末，微型计算机控制阶段。该阶段采用模拟计算机或数字计算机进行控制，控制技术向智能化方向发展。第三阶段，自 21 世纪初至今，车载局域网控制阶段。该阶段采用车载局域网对汽车电器与电控系统进行控制。

二、发动机电控技术的发展趋势

1. 传感器技术

随着汽车电控系统的普遍采用和多样化，其所需的传感器种类和数量也在不断增加。

2. 微处理器技术

现代车辆的信息不断增加，集成电控系统也在不断发展，这都要求微处理器体积小、集成度高，并能实现复杂控制。

3. 多路传输技术

汽车电控技术的发展和电控装置的多样化，使大量传感器、微处理器和执行元件组成了一个复杂的信息交换和处理系统，以致传输导线大量增加。

三、发动机电控系统的功能

发动机电控系统的基本功能是通过传感器将发动机各个物理参数，如发动机转速、曲轴位置、进气质量、进气温度、水温等转变为电信号，传输给发动机控制单元（ECU）。ECU 将输入信号进行识别处理，按照预先存储的控制逻辑，对执行器进行控制，如控制喷油嘴喷油、点火线圈点火、节气门电机改变节气门开度、电子风扇旋转、进气可变执行器工作等，使发动机保持相对理想的运行状态。

四、发动机电控系统的组成

发动机电控系统由传感器、控制模块、执行器三部分构成，如图 1-1-1 所示。

图 1-1-1　发动机电控系统的组成

常见的传感器有曲轴位置传感器、凸轮轴位置传感器、节气门位置传感器、进气压力传感器、空气流量传感器、氧传感器、水温传感器、进气温度传感器、爆震传感器、油门踏板位置传感器、离合器踏板开关信号、制动踏板开关信号、空调请求信号等。不同的车辆，其传感器的数目、类型也不相同。

有时，发动机控制模块单从这些传感器获取信号是不够的，还需要从网络中别的模块中获取信息，或将发动机控制模块已知的信息分享给其他模块，如图 1-1-2 所示。

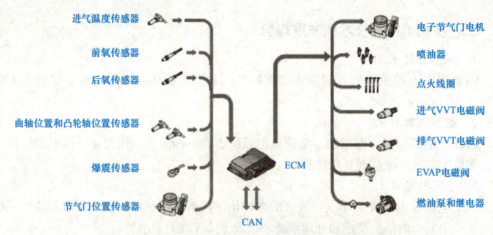

图 1-1-2　发动机控制模块

常见的执行器有电子节气门电机、可变相位控制电磁阀、喷油器、点火线圈、燃油蒸发排放电磁阀、发动机故障指示灯、废气增压旁通阀、主控继电器、燃油泵等。不同的车辆，其执行器的数目、类型也是不相同的。

 任务实施

一、实操目标
（1）能够实物认知发动机电控系统的组成。
（2）能够实物认知发动机电控系统的功能、类别。

二、实施计划

项目	内容
时间安排	45 min
实操车型	带汽油电控发动机车辆 1 台； 带柴油电控发动机车辆 1 台； 混合动力车辆 1 台
设备与工具	举升机 1 台； 手电筒 1 个
注意事项	车辆举升到高位时，在落下保险锁锁止后，方可进入车辆下方

三、实操任务
1. 汽油机发动机电控系统
（1）实操车型的品牌：_____，型号：_____，年款：_____。
（2）打开汽车引擎盖的方式：_____。

（3）对应实车认知系统零部件的组成，从汽车机舱内到机舱外，将所经过的汽车电控系统按照顺序记录下来。

_____

_____

_____

_____

_____

_____

_____

_____

_____

_____

_____

_____

_____

2. 柴油机发动机电控系统

（1）实操车型的品牌：_____，型号：_____，年款：_____。

（2）打开汽车引擎盖的方式：_____。

（3）对应实车认知系统零部件的组成，从汽车机舱内到机舱外，将所经过的汽车电控系统按照顺序记录下来。

_____

_____

_____

_____

_____

_____

_____

_____

_____

_____

_____

_____

_____

_____

3．混合动力发动机电控系统

（1）实操车型的品牌：_____，型号：_____，年款：_____。

（2）打开汽车引擎盖的方式：_____。

（3）对应实车认知系统零部件的组成，从汽车机舱内到机舱外，将所经过的汽车电控系统按照顺序记录下来。

_____

_____

_____

_____

_____

_____

_____

_____

_____

_____

_____

_____

_____

心得体会

_____

_____

_____

_____

_____

_____

_____

_____

微课：发动机电控系统的认识　　　实操：发动机电控

任务 2

进气电控系统的认识

 任务引导

进气电控系统的作用是为发动机输送清洁、干燥、充足而稳定的空气以满足发动机的需求，避免空气中杂质及大颗粒粉尘进入发动机燃烧室而造成发动机异常磨损。进气电控系统技术有哪些？组成是什么？功能是什么？这是本任务需要了解的内容。

 任务描述

通过本任务的学习，熟悉进气电控系统的分类，了解进气电控系统的原理，掌握进气电控系统的功能和组成，为后续的应用场景学习打下坚实的基础。

 任务目标

1. 培养对汽车行业的热爱和敬业精神。
2. 增强团队合作意识。
3. 掌握进气电控系统的功能和组成。
4. 能描述进气电控系统的组成。
5. 能实车认知进气电控系统的组成。

任务准备

一、进气计量系统

1. 分类

进气计量系统主要分为 L 型和 D 型。L 型（质量流量式）通过空气流量传感器检测进气量。D 型（速度密度式或节流速度式）则使用进气歧管绝对压力传感器检测进气量。

2. 功能

为发动机提供必需的空气量，同时对流入发动机汽缸的空气质量进行直接或间接计量。进气计量系统通过测量和控制燃油燃烧时所需要的空气量，确保发动机获得足够的新鲜空气来燃烧燃料，产生动力。

二、进气增压系统

1. 组成

进气增压系统主要由涡轮增压器、废气门执行器（EWGA）、再循环阀（RCV）、中冷器、增压压力传感器（BPS）、相关管路及发动机控制模块（ECM）等部件组成，如图1-2-1所示。

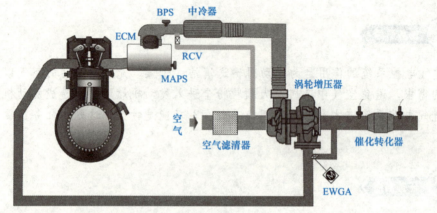

图1-2-1　进气增压系统的组成

2. 原理

涡轮增压器的涡轮和泵轮安装在同一根轴上。车辆排放的废气驱动涡轮增压器的泵轮。泵轮以每分钟数万转的极高转速工作，带动同轴的涡轮高速运转。涡轮运转时将吸入的空气进行压缩增压。进气增压系统的工作原理如图1-2-2所示，结构如图1-2-3所示。

为了减少涡轮的迟滞效应，涡轮一般采用质量较轻的金属制造。涡轮由全浮式轴承进行支撑，并以压力机油进行润滑，同时用冷却液进行散热。

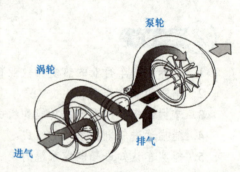

图1-2-2　进气增压系统的工作原理

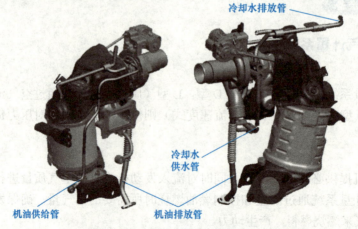

图1-2-3　进气增压系统的结构

增压器轴通过两个浮动轴承支撑在中间体内。中间体内有润滑和冷却轴承的油道和水道，还有防止机油泄漏的密封装置。

来自发动机润滑系统主油道的机油，经增压器中间体上的机油进口进入增压器，润滑和冷却增压器轴和轴承。此后，机油经中间体上的机油出口返回发动机油底壳。

由于发动机工作时排气的温度很高，因此，增压器中间体设置有水道，用来对涡轮增压器进行冷却。冷却液从增压器中间体上的冷却液进口流入中间体内的冷却水套，从冷却液出口流回发动机冷却系统。冷却液在增压器中间体的冷却水套中不断循环，使增压器轴和轴承得到冷却。

在增压器轴承上装有耐高温的金属材质油封，以防止机油泄漏。如果油封损坏，将导致机油消耗量增加。

三、进气优化系统

1. 组成

CVVT 系统主要由 CVVT 执行器、机油控制阀（OCV）、凸轮轴位置传感器、凸轮轴及相关机油油道等组成。分体式 CVVT 系统的 OCV 与执行器单独安装，一体型 CVVT 系统的 OCV 与执行器集成在一起，如图 1-2-4 所示。

ECM 通过凸轮轴位置传感器和曲轴位置传感器信号检测凸轮轴提前或者延迟角度，并通过信号对比来判断 VVT 系统是否正常工作。

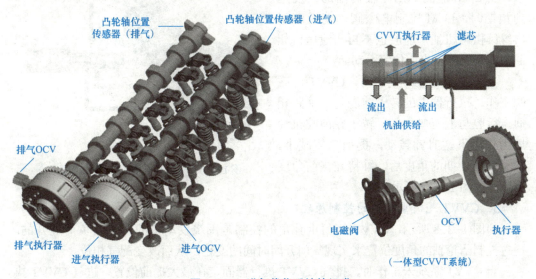

图 1-2-4　进气优化系统的组成

2. 原理

CVVT 执行器内部的转子叶片与凸轮轴刚性结合，外部的定子链轮与正时皮带相连。ECM 通过控制 CVVT 电磁阀来改变 CVVT 执行器转子叶片前、后油腔的油压，在机油压力的推动作用下，转子叶片相对于定子链轮产生一定的位移角度，从而使凸轮轴发生顺时针或逆时针转动，进而改变配气相位。在没有油压的情况下，CVVT 执行器处于锁定状态，转子叶片和定子链轮由锁定机构固定在一起。

当CVVT电磁阀不工作时，CVVT执行器内转子的前腔与后腔的压力相同，此时，转子通过执行器内部的锁止装置与定子锁止为一个整体。转子与定子在链条的带动下同步转动，如图1-2-5所示。

当需要提前打开气门时，CVVT电磁阀工作，执行器内的转子前腔与泄压口相通，后腔与主油道相通。后腔的压力机油首先将锁止销向上顶起，使转子与定子解锁，转子在机油压力的作用下相对于定子顺时针转动，提前打开气门，如图1-2-6所示。

图1-2-5　进气优化系统的工作原理（1）

图1-2-6　进气优化系统的工作原理（2）

当ECM监测到凸轮轴提前的角度达到预期时，ECM控制电磁阀，使后腔不再继续供给机油，前腔也不再与泄压口相通，转子保持在当前位置不动。

当需要滞后打开气门时，CVVT电磁阀工作，执行器内的转子前腔与主油路相通，后腔与泄压口相通，转子在前腔机油压力作用下逆时针转动，提前角度减小。转子达到预期的角度后，维持在当前角度不变，如图1-2-7所示。

图1-2-7　进气优化系统的工作原理（3）

3. CVVT气门重叠角的控制原理

如图1-2-8所示，CVVT气门重叠角的控制是围绕发动机的转速与负荷展开的。通过控制凸轮轴的角度位置来实现气门开闭时间的变化，从而改变配气相位。

当CVVT系统未工作时，排气CVVT执行器固定在最大提前位置，进气CVVT执行器固定在最大延迟位置，此时气门重叠角最小。

当发动机处于怠速时，气门重叠角处于较小的状态，小的气门重叠角保证了发动机怠速工作的稳定性。

当发动机处于部分负荷工况时，进气门被提前打开，排气门延迟关闭，此时气门重叠角较大。较大的气门重叠角可减少发动机的泵气损失，以保证发动机进气充分。废气的存在可降低燃烧的最高温度，从而减少燃烧时产生的NO_x。

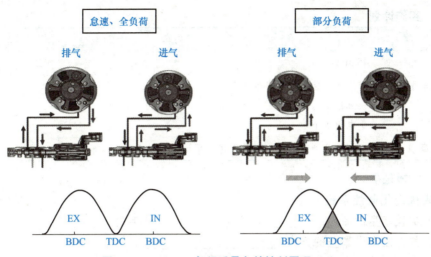

图1-2-8 CVVT气门重叠角的控制原理（1）

当发动机处于全负荷工况时，由于节气门全开减少了发动机的泵气损失，缸内的压力在上止点附近充分建立，此时缩小气门重叠角可以提高气缸的容积效率。

如图1-2-9所示，一般的CVVT系统在未工作时，其排气门固定在最大提前位置，进气门固定在最大延迟位置。而MPL CVVT系统未工作时，其排气门固定在最大提前位置，进气门固定在中间位置。进气门可以由当前位置改变到提前位置或延迟位置。

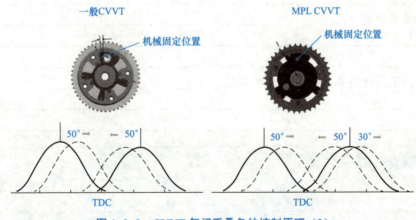

图1-2-9 CVVT气门重叠角的控制原理（2）

任务实施

一、实操目标

（1）能够实物认知进气电控系统的组成。

（2）能够实物认知进气电控系统的功能、类别。

二、实施计划

项目	内容
时间安排	45 min
实操车型	带汽油电控发动机车辆 1 台
设备与工具	举升机 1 台； 手电筒 1 个
注意事项	车辆举升到高位时，在落下保险锁锁止后，方可进入车辆下方

三、实操任务

汽油机进气电控系统

（1）实操车型的品牌：_____，型号：_____，年款：_____。

（2）打开汽车引擎盖的方式：_____。

（3）对应实车认知系统零部件的组成，从汽车机舱内到机舱外，将所看到的汽车进气电控系统按照顺序记录下来。

_____

_____

（4）进气系统的拆卸步骤：_____

_____

_____

（5）可变轮的作用：_____

_____

（6）拆装正时链条或皮带的注意事项：_____

_____

_____

> **心得体会**
>
> _____
>
> _____
>
> _____
>
> _____

微课：进气电控系统的认识

实操：进气电控系统涡轮增压

任务 3

燃油控制系统的认识

任务引导

现在发动机故障灯爆灯率较高，其中，对于燃油蒸发的控制，是造成故障灯爆灯频繁的一个重要因素，燃油控制系统中有碳罐，它并不是净化车内空气的，而是负责把燃油蒸气收集起来，当发动机开动时，再通过碳罐电磁阀将燃油蒸气送到进气道里燃烧掉，因此也容易触发故障灯。燃油控制系统技术有哪些？组成是什么？功能是什么？这是本任务需要了解的内容。

任务描述

通过本任务的学习，熟悉燃油控制系统的分类，了解燃油控制系统的工作原理，掌握燃油控制系统的功能和组成，为后续的应用场景学习打下坚实的基础。

任务目标

1. 培养对汽车行业的兴趣和敬业精神。
2. 增强团队合作意识。
3. 掌握燃油控制系统的功能和组成。
4. 能描述燃油控制系统的组成。
5. 能实车认知燃油控制系统的组成。

 任务准备

一、功能

发动机控制模块根据传感器输入的信号控制燃油泵和喷油器工作，喷油器喷出的燃油在进气管道中与空气混合，形成可燃混合气，进入燃烧室进行燃烧。

二、组成

燃油控制系统主要由燃油箱、燃油滤清器、燃油泵、油管、油压调节装置、喷油器、油轨等组成，如图 1-3-1 所示。

图 1-3-1　燃油控制系统的组成

三、分类

燃油控制系统分为非缸内直喷和缸内直喷两种形式。

四、工作原理

在非缸内直喷系统中，进气歧管喷射的喷油器安装在进气道上，根据电控单元的控制信号将燃油以一定压力喷出并雾化。发动机模块通过控制喷油嘴的开启时间来确定喷油量的大小。

在缸内直喷系统中，燃油喷嘴安装于气缸内，可直接将燃油喷入气缸内与进气混合，使喷射压力得到提高，因而燃油雾化颗粒更加细小，可精准地按比例控制喷油并与进气混合，从而消除缸外喷射的缺点。喷嘴位置、雾化颗粒的细度、进气气流控制，以及活塞顶形状等优化设计，使油气能够在整个气缸内充分、均匀地混合，从而使燃油充分燃烧，提高能量转化效率。

 **任务实施**

一、实操目标

（1）能够实物认知燃油控制系统的组成。

（2）能够实物认知燃油控制系统的功能、类别。

二、实施计划

项目	内容
时间安排	45 min
实操车型	带汽油电控发动机车辆 1 台

项目	内容
设备与工具	举升机1台； 手电筒1个
注意事项	车辆举升到高位时，在落下保险锁锁止后，方可进入车辆下方

三、实操任务

汽油机燃油控制系统

（1）实操车型的品牌：_____，型号：_____，年款：_____。

（2）打开汽车引擎盖的方式：_____。

（3）对应实车认知系统零部件的组成，从汽车机舱内到机舱外，将燃油控制系统按照顺序记录下来。

_____

_____

_____

_____

_____

_____

_____

（4）检测高低压汽油泵的步骤及注意事项：_____

_____

_____

_____

_____

_____

（5）汽油滤芯大约行驶多少千米需更换？_____

_____

_____

_____

_____

_____

项目 **1** 发动机控制系统

（6）喷油嘴的拆卸与清洗步骤：_____

_____

_____

_____

_____

_____

_____

_____

心得体会

_____

_____

_____

_____

_____

_____

_____

_____

_____

微课：发动机控制技术——燃油控制系统　　　实操：燃油控制系统

任务 4

点火控制系统的认识

 **任务引导**

点火控制系统是点燃式发动机为了正常工作，按照各缸点火顺序，定时地供给火花塞以足够高能量的高压电，使火花塞产生足够强的火花，点燃可燃混合气。点火控制系统技术有哪些？组成是什么？功能是什么？这是本任务需要了解的内容。

任务描述

通过本任务的学习，熟悉点火控制系统的分类，掌握点火控制系统的功能和组成，为后续的应用场景学习打下坚实的基础。

任务目标

1. 培养对汽车行业的兴趣和敬业精神。
2. 增强团队合作意识。
3. 掌握点火控制系统的功能和组成。
4. 能描述点火控制系统的组成。
5. 能实车认知点火控制系统的组成。

 **任务准备**

一、功能

点火控制系统的功能是在适当的时刻用足够强的火花点燃气缸内的混合气。点火控制系统对于汽油发动机的燃烧过程非常重要，其工作的好坏直接影响发动机的动力性、燃油经济性及排放性能等指标。

二、分类

没有分电器的点火控制系统分为单缸独立点火方式和双缸同时点火方式。

三、组成

点火控制系统主要由曲轴位置传感器、凸轮轴位置传感器、爆震传感器、点火线圈、高压线、火花塞等组成，如图 1-4-1 所示。

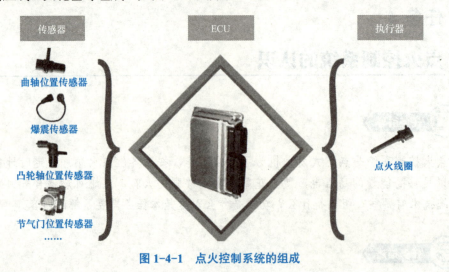

图 1-4-1　点火控制系统的组成

一、实操目标

（1）能够实物认知点火控制系统的组成。

（2）能够实物认知点火控制系统的功能、类别。

二、实施计划

项目	内容
时间安排	45 min
实操车型	带汽油电控发动机车辆 1 台
设备与工具	举升机 1 台； 手电筒 1 个
注意事项	车辆举升到高位时，在落下保险锁锁止后，方可进入车辆下方

三、实操任务

汽油机点火控制系统

（1）实操车型的品牌：_____，型号：_____，年款：_____。

（2）打开汽车引擎盖的方式：_____。

（3）对应实车认知系统零部件的组成，从汽车机舱内到机舱外，将所经过的汽车点火控制系统按照顺序记录下来。

_____

_____

_____

_____

_____

（4）四、六缸发动机的点火顺序：_____

_____

_____

_____

（5）火花塞的拆装与检查步骤：_____

_____

_____

_____

_____

（6）判断缺缸的方法：_____

_____

_____

_____

_____

心得体会

_____

_____

_____

_____

_____

微课：点火控制系统的认识

实操：点火控制系统

任务 5

怠速控制系统的认识

 **任务引导**

在怠速控制系统中，ECU首先根据各传感器的输入信号确定目标转速；然后把目标转速与发动机的实际转速进行比较，得到目标转速与实际转速的差值；最后根据此差值确定达到目标转速所需的控制量，驱动怠速控制系统增加或减少空气量。怠速控制系统有哪些？组成是什么？功能是什么？这是本任务需要了解的内容。

任务描述

通过本任务的学习，熟悉怠速控制系统的工作原理，掌握怠速控制系统的功能和组成，为后续的应用场景学习打下坚实的基础。

任务目标

1. 培养对汽车行业的热爱和敬业精神。
2. 增强团队合作意识。
3. 掌握怠速控制系统的功能和组成。
4. 能描述怠速控制系统的组成。
5. 能实车认知怠速控制系统的组成。

 **任务准备**

一、功能

怠速工况是指发动机在对外不做功的情况下，以最低稳定的转速运行的状态。怠速转速主要取决于发动机冷却液温度：冷却液温度越高，怠速转速越低；冷却液温度越低，怠速转速越高。另外，如果怠速时发动机负荷发生变化，如打开空调、大灯等，此时发动机控制系统将调节怠速控制装置的开度，以便调节进入进气歧管的空气流量，保证发动机怠速稳定。

目前的电控发动机大多采用电子节气门进行怠速的控制。发动机控制模块根据传感器输入的信号确定目标怠速，再通过控制电子节气门的开度来调节进气量，从而达到控制怠速转速的目的。

二、组成

怠速控制系统的组成如图 1-5-1 所示。

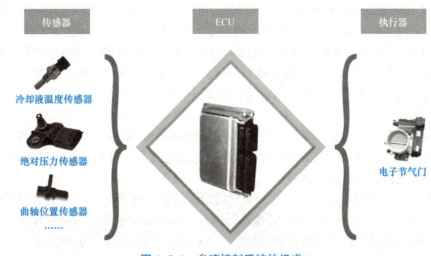

图 1-5-1 怠速控制系统的组成

三、工作原理

怠速转速控制主要是通过改变怠速时的进气量来实现的。目前，北京现代汽车采用电子节气门来控制发动机怠速转速。电子节气门不仅用于控制怠速转速，还用于控制怠速以外的任何转速。怠速控制系统的工作原理如图 1-5-2 所示。

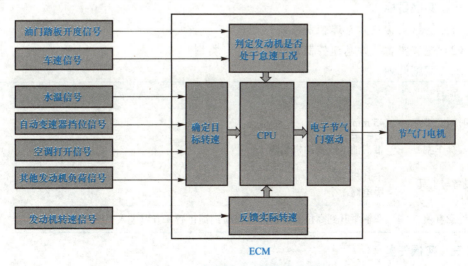

图 1-5-2 怠速控制系统的工作原理

当节气门电机断电时，电子节气门在弹簧弹力的作用下也能保持一定的开度，这样能够保证车辆还能开到维修站进行维修。打开点火开关到 ON 挡后，节气门电机工作，电子节气门开度减小，进入启动准备状态。发动机启动着车后，根据发动机当前的工况，电子节气门保持在一定的开度。如果此时水温偏低，发动机处于快速暖机状态，电子节气门开度要大一些。打开空调后，为了保持发动机怠速稳定运转，电子节气门开度也要大一些。

ECM 首先根据油门踏板位置传感器信号和车速信号判断车辆是否处于怠速工况。如果驾驶员没有踩下油门踏板，并且车速为零，ECM 判定此时发动机处于怠速状态。

当 ECM 判定发动机处于怠速工况时，首先从存储器中调取与当前工况匹配的怠速转速数据，通过控制节气门电机来达到目标怠速转速。如果当前的怠速实际转速偏离目标怠速转速，ECM 会继续通过节气门电机进行调节，从而使发动机当前怠速转速和目标怠速转速一致。

在发动机处于冷车状态时，为使发动机快速预热，此时 ECM 通过控制节气门电机提高怠速转速。当发动机负荷加大时，为了稳定怠速转速的需要，此时 ECM 也要通过控制节气门电机提高怠速转速。

随着车辆行驶里程的增加，电子节气门附近的积炭逐渐增多。为了达到期望的怠速转速，ECM 不断对电子节气门开度进行调整，以补偿电子节气门积炭导致的进气量的减少。此学习值被计入 ECM 的存储器中。这就是 ECM 的自学习功能。

当清洗、更换电子节气门或者更换 ECM 时，由于 ECM 内部的控制数据与电子节气门不匹配，因此，发动机可能会出现怠速过高或者怠速过低的现象。在这种情况下，要执行电子节气门的学习程序。

任务实施

一、实操目标
（1）能够实物认知怠速控制系统的组成。
（2）能够实物认知怠速控制系统的功能、类别。

二、实施计划

项目	内容
时间安排	45 min
实操车型	带汽油电控发动机车辆 1 台
设备与工具	举升机 1 台； 手电筒 1 个
注意事项	车辆举升到高位时，在落下保险锁锁止后，方可进入车辆下方

三、实操任务
汽油机发动机电控系统
（1）实操车型的品牌：_____，型号：_____，年款：_____。
（2）打开汽车引擎盖的方式：_____。

（3）对应实车认知系统零部件的组成，从汽车机舱内到机舱外，将所经过的怠速控制系统按照顺序记录下来。

_____

_____

_____

_____

_____

（4）汽车发动机怠速忽高忽低的检查步骤及维修方法：_____

_____

_____

_____

（5）汽车仪表灯 EPC 指的故障：_____

_____

_____

_____

（6）用汽车检码仪检测 EPC 故障的步骤：_____

_____

_____

_____

_____

心得体会

_____

_____

_____

_____

微课：怠速控制系统的认识

实操：怠速控制系统

任务 6
废气净化系统的认识

任务引导

　　汽车废气净化指的是将汽车废气中的有害成分转化成无害的物质。汽车排出的废气含有碳氢化合物（HC）、一氧化碳（CO）、氮氧化物（NO_x）、硫氧化物、铅化合物等。对大气造成污染的主要是一氧化碳、碳氢化合物和氮氧化物三种气体。汽车废气净化包括机内净化和机外净化两个方面。废气净化系统技术有哪些？组成是什么？功能是什么？这是本任务需要了解的内容。

任务描述

　　通过本任务的学习，熟悉废气净化系统的分类，掌握废气净化系统的功能和组成，为后续的应用场景学习打下坚实的基础。

任务目标

1. 培养对汽车行业的热爱和敬业精神。
2. 增强团队合作意识。
3. 掌握废气净化系统的功能和组成。
4. 能描述废气净化系统的组成。
5. 能实车认知废气净化系统的组成。

任务准备

一、三元催化器

1. 功能

　　汽车发动机工作时，会产生一些有害气体，如一氧化碳（CO）、碳氢化合物（HC）、氮氧化物（NO_x）等。目前发动机上主要用两种方法来控制这些有害气体。一种是机内净化，如控制汽油的辛烷值、控制空燃比、改进进气道、控制曲轴箱的排放物等。由于用机内净化的方法还不能够满足排放法规的要求，于是又发展出了机外净化的方法，即在发动机排气尾管中安装废气转化催化器。因为这种装置可以同时净化 CO、HC、

NO_x 三种有害气体，所以称为三元催化器，如图 1-6-1 所示。

2. 组成

三元催化器主要由壳体、减震层、载体、催化剂涂层等组成，如图 1-6-2 所示。

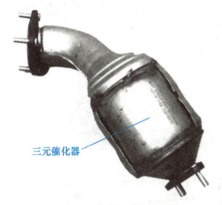

图 1-6-1　三元催化器

图 1-6-2　三元催化器组成部分

（1）壳体由不锈钢板材料制成，外面装有隔热罩，防止高温对外辐射和外部撞击或溅水造成的损坏。

（2）减震层是壳体与载体之间的减震密封垫，主要起减震、缓解热应力、保温和密封的作用。

（3）载体一般用金属陶瓷或金属板制成，其结构为蜂窝状。做成蜂窝状的目的是加大催化面积。在蜂窝状载体孔道的壁面上涂有一层多孔的活性层，其粗糙多孔的表面可使载体壁面的实际催化反应面积大大增加。

（4）催化剂涂层表面分布作为催化活动材料的贵金属，主要有铂、铑、钯等，这三者起催化作用，不参与化学反应。

3. 原理

三元催化器监测系统利用后氧传感器监测三元催化器是否正常，利用三元催化器的储氧能力来判断三元催化器的污染物转化效率。

二、燃油蒸发排放系统

1. 功能

以汽油形态存在的碳氢化合物暴露在空气中时会蒸发，即使存储在燃油箱内也会蒸发。无论汽车是否在行驶，都会发生蒸发。EVAP 系统可将燃油蒸气收集和存储起来以备燃烧，从而防止泄漏到大气中。发动机运转时，在合适的发动机工况下，ECM 指令PCSV（净化控制电磁阀）开启，将燃油蒸气输送到进气歧管，然后进入燃烧室进行燃烧。

国五车型采用的燃油蒸发排放系统只能回收燃油蒸气，不能监测燃油蒸发排放系统是否存在泄漏故障。为了进一步增强 OBD 系统对燃油蒸发排放系统的监测能力，国六车型增加了燃油蒸气泄漏监测功能，用于监测燃油蒸发排放系统是否存在泄漏。

2. 组成

国六车型涡轮增压发动机 EVAP 系统采用双净化系统，主要由碳罐、净化控制电磁阀、单向阀、引流器及管路等组成。

引流器是利用文丘里效应工作的部件，如图1-6-3所示。高速流动的流体附近会产生真空，从而产生吸附作用，这种效应称为文丘里效应。文丘里管的空气进口逐渐变窄，以增加空气流速。当有气体流过文丘里管时，在高速气流流过的管壁会产生真空，所以，管壁开口位置空气就会被吸入文丘里管。

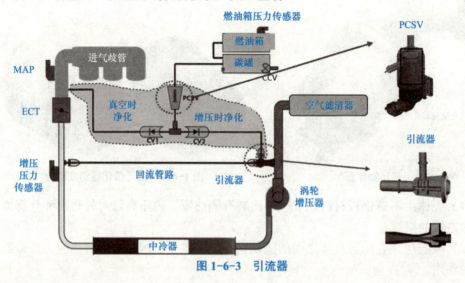

图1-6-3　引流器

3. 原理

油箱中的蒸气会导致油箱中的压力升高。蒸气通过管路进入碳罐，被碳罐中的活性炭暂时吸附。当发动机启动后，达到PCSV的工作条件时，PCSV打开，燃油蒸气通过进气歧管进入燃烧室重新燃烧。

涡轮增压发动机在低负荷时，进气歧管节气门后方的压力低于大气压，图1-6-3所示左侧的单向阀CV1打开，右侧的单向阀CV2关闭，燃油蒸气在真空作用下通过PCSV和左侧单向阀进入进气歧管节气门后方，然后被吸入燃烧室。

涡轮增压发动机在高负荷时，进气歧管节气门后方的压力高于大气压，图1-6-3所示左侧的单向阀CV1关闭，右侧的单向阀CV2打开，燃油蒸气通过PCSV、右侧单向阀以及引流器进入涡轮增压器前方，然后被吸入燃烧室。

由于此时涡轮增压器前方的气压和大气压相差不大，不利于燃油蒸气的循环，因此在燃油蒸气进入进气管路位置安装有引流器。引流器通过涡轮增压器前后管路的压力差产生高速气流，促使来自PCSV的燃油蒸气更好地循环。

三、颗粒捕捉器

1. 功能

颗粒捕捉器（GPF）主要用于对尾气中的碳烟颗粒物和灰分进行捕集，防止有害颗粒排放到大气中，防止汽车尾气中的有害颗粒对环境造成污染。

排气中的颗粒物主要由碳烟和灰分组成，如图1-6-4所示。

碳烟是排气中的颗粒物，包括在发动机常规运行中产生的部分燃烧的燃油和机油。碳烟是一种黑烟，可通过再生来处理。在温度高于 600 ℃ 并且废气中有足够的氧气时，沉积的微粒可能会燃烧。

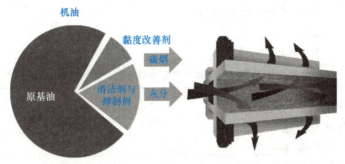

图 1-6-4　颗粒物主要组成

灰分主要来自颗粒滤清器中积累的机油添加剂燃烧产物（主要来自机油），不可通过再生来处理，需要人工清理。

注意：只能使用经厂家认可的低灰分机油用于配有颗粒捕捉器的车辆。

2. 组成

颗粒捕捉器主要由颗粒捕捉器本体、排气温度传感器、压差传感器及其相关管路等组成。

3. 原理

GPF 本体是一个滤芯，把发动机产生的颗粒物全部收集在这个滤芯里，降低车辆的颗粒物排放。

GPF 一般采用壁流式结构。微粒过滤器的滤芯由多孔陶瓷制造，有较高的过滤效率。排气穿过多孔陶瓷滤芯进入排气管，微粒则滞留在滤芯上。

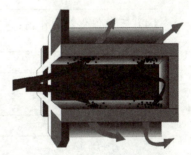

GPF 由许多相互平行交替连接的细微通道构成，相邻的两个孔道内一个只有进口开放，另一个只有出口开放。排气从开放的进口孔道流入，通过多孔壁面流至相邻孔道排出，而颗粒物被滞留在孔道内，从而实现捕集作用，如图 1-6-5 所示。

图 1-6-5　颗粒捕捉器

 任务实施

一、实操目标

（1）能够实物认知废气净化系统的组成。

（2）能够实物认知废气净化系统的功能、类别。

微课：废气净化
系统的认识

二、实施计划

项目	内容
时间安排	45 min
实操车型	带汽油电控发动机车辆 1 台
设备与工具	举升机 1 台； 手电筒 1 个
注意事项	车辆举升到高位时，在落下保险锁锁止后，方可进入车辆下方

三、实操任务

汽油机废气净化系统

（1）实操车型的品牌：_____，型号：_____，年款：_____。

（2）打开汽车引擎盖的方式：_____。

（3）对应实车认知系统零部件的组成，从汽车机舱内到机舱外，将所经过的废气净化系统按照顺序记录下来。

_____

_____

_____

_____

_____

_____

_____

（4）三元催化器的作用：_____

_____

_____

_____

_____

（5）写出用解码仪读取氧传感器的步骤及数据值：_____

_____

_____

_____

_____

_____

_____

（6）判断氧传感器已被损坏的依据：_____

_____

_____

_____

_____

_____

_____

（7）汽油车尾气冒黑烟的原因：_____

_____

_____

_____

_____

_____

_____

心得体会

_____

_____

_____

_____

_____

_____

_____

_____

_____

实操：废气净化系统

任务 7

自诊断系统的认识

任务引导

汽车制造出来后，以及在使用过程中，由于各种各样的原因不可避免地会发生故障，使汽车的动力性、经济性、操纵稳定性、使用安全性等发生变化。汽车故障有的是突发性的，有的是逐渐形成的。当汽车发生故障时，能够用经验和科学知识准确地、快速地诊断出故障原因，找出损坏的零部件和部位，并尽快地排除故障，对汽车的使用和维修有利。这就是汽车故障自诊断法。汽车自诊断技术有哪些？作用是什么？功能是什么？这是本任务需要了解的内容。

任务描述

通过本任务的学习，了解汽车故障形成的主要原因，掌握汽车自诊断技术的功能，为后续的应用场景学习打下坚实的基础。

任务目标

1. 培养对汽车行业的热爱和敬业精神。
2. 增强团队合作意识。
3. 能描述汽车自诊断技术系统的组成。
4. 能实车认知汽车自诊断技术系统的组成。

任务准备

一、功能

发动机模块通过监测传感器或执行器来判断元件是否存在故障，是否存在可能导致排放超标的机械故障。当监测到故障时，可通过控制仪表上的指示灯及提示信息，提示驾驶员尽快到维修店进行维修检查，同时发动机可能进入故障跛行模式，保证发动机有一定的行驶能力，进入维修店进行维修。

二、汽车故障形成的主要原因

1．本身存在易损零件

汽车设计中不可能保证汽车上所有的零件都具有同等寿命。汽车本身有些零件为易损件，如空气滤清器芯、火花塞、机油等使用寿命较短，均需定期更换，如没有及时更换或零件提前损坏，汽车就会发生故障。

2．零件本身质量差异存在问题

汽车和汽车零件是由不同厂家大批量生产的，不可避免地存在质量问题。原厂配件使用中会出现问题，协作厂和不合格的配件安装到汽车上更会出现问题，因此，所有汽车厂家都在努力提高配件质量，消除零件本身的质量缺陷。

3．汽车消耗品质量存在问题

汽车上的消耗品主要有燃油和润滑油等。这些添加用品质量差会严重降低汽车的使用性能和使用寿命，使汽车较易发生故障。这些用品的添加往往很难由用户来决定，稍不注意就会加入劣质汽油和劣质润滑油，这对汽车和发动机的危害极大，有时用户还没有意识到，汽车就出问题了。

4．汽车使用环境影响

汽车是露天使用的，环境影响较大。高速公路路面宽阔平坦，汽车速度高，易出现故障和事故；道路不平，汽车振动颠簸严重，容易受到损伤；山区动力消耗大，城市等车时间长等都会使汽车使用工况发生很大变化，适应不了时，汽车就容易发生故障或突发性损坏。

5．驾驶技术和驾驶方法的影响

驾驶技术对汽车故障影响很大，驾驶方法不当影响更大。汽车使用管理不善，不能按规定进行走合和定期维护，野蛮启动和野蛮驾驶等都会使汽车过早损坏和出现故障。

6．汽车故障诊断技术和维修技术的影响

汽车使用中要定期维修，出了故障要做出准确的诊断，才能修好。在汽车使用、维护、故障诊断和维修作业中都需要一定的技术，特别是现代汽车，高新技术应用较多，这就要求汽车维修工作人员了解和掌握汽车技术和高深的新技术。不会修不能乱修，不懂不能乱动，以免旧毛病未除，又添新毛病。

因此，汽车故障广泛地存在于汽车的制造、使用、维护和修理工作的全过程，对于每一个环节都应十分注意，特别是在使用中要注意汽车的故障，有故障时如能及时发现、及时排除，才能使汽车在使用过程中减少事故。

 任务实施

一、实操目标

（1）能够实物认知自诊断电控系统的组成。

（2）能够实物认知自诊断电控系统的功能、类别。

二、实施计划

项目	内容
时间安排	45 min
实操车型	带汽油电控发动机车辆 1 台； 带柴油电控发动机车辆 1 台； 混合动力车辆 1 台
设备与工具	举升机 1 台； 手电筒 1 个
注意事项	车辆举升到高位时，在落下保险锁锁止后，方可进入车辆下方

三、实操任务

汽油机发动机自诊断系统的认识

（1）实操车型的品牌：_____，型号：_____，年款：_____。

（2）打开汽车引擎盖的方式：_____。

（3）对应实车认知自诊断系统，按照查找顺序记录下来。

_____

_____

（4）常见汽车发动机的易损件：_____

_____

_____

（5）写出使用检码仪检查发动机故障的步骤：_____

_____

_____

_____

心得体会

_____

_____

_____

微课：自诊断的认识

实操：自诊断

<h1>发动机控制技术的认识评价表</h1>

评价任务	评价内容	评价标准	评价等级		
			自评	组评	师评
信息收集（10分）	专业资料准备（10分）	1. 能根据任务，熟练查找资料，能够较全面地获取所需的专业资料。（8～10分） 2. 熟练查找资料，能够部分获取所需的专业资料。（5～7分） 3. 没有查找专业资料或资料极少。（0～4分）			
实际操作（70分）	着装和工器具选用（5分）	1. 合理着装，合理选取工器具，合理布置工作现场。（4～5分） 2. 未合理着装，未合理选取工器具，合理布置工作现场。（2～3分） 3. 未合理着装，未合理选取工器具，未合理布置工作现场。（0～1分）			
	发动机电控系统的认识（10分）	1. 能全面认识系统零部件，内容记录完整，内容填写完整。（9～10分） 2. 能部分认识系统零部件，存在2项以内错误，内容记录不太完整。（6～8分） 3. 认识不完整，存在3项以上错误，内容记录不完整。（0～5分）			
	汽油机进气电控系统的认识（10分）	1. 能全面认识系统零部件，内容记录完整，内容填写完整。（9～10分） 2. 能部分认识系统零部件，存在2项以内错误，内容记录部分完整。（6～8分） 3. 认识不完整，存在3项以上错误，内容记录不完整。（0～5分）			
	汽油机燃油控制系统的认识（10分）	1. 能全面认识系统零部件，内容记录完整，内容填写完整。（9～10分） 2. 能部分认识系统零部件，存在2项以内错误，内容记录不太完整。（6～8分） 3. 认识不完整，存在3项以上错误，内容记录不完整。（0～5分）			
	汽油机点火控制系统的认识（10分）	1. 能全面认识系统零部件，内容记录完整，内容填写完整。（9～10分） 2. 能认识部分系统零部件，存在2项以内错误，内容记录不太完整。（6～8分） 3. 认识不完整，存在3项以上错误，内容记录不完整。（0～5分）			
	汽油机怠速控制系统的认识（10分）	1. 能全面认识系统零部件，内容记录完整，内容填写完整。（9～10分） 2. 能认识部分系统零部件，存在2项以内错误，内容记录不太完整。（6～8分） 3. 认识不完整，存在3项以上错误，内容记录不完整。（0～5分）			

评价任务	评价内容	评价标准	评价等级		
			自评	组评	师评
实际操作（70分）	汽油机废气净化系统的认识（10分）	1. 能全面认识系统零部件，内容记录完整，内容填写完整。（9～10分） 2. 能认识部分系统零部件，存在2项以内错误，内容记录不太完整。（6～8分） 3. 认识不完整，存在3项以上错误，内容记录不完整。（0～5分）			
	汽油机自诊断系统的认识（5分）	1. 内容记录完整，内容填写完整。（4～5分） 2. 存在2项以内错误，内容记录部分完整。（2～3分） 3. 认识不完整，存在3项以上错误，内容记录不完整。（0～1分）			
基本素质（20分）	严谨细致（10分）	1. 能按要求进行细致操作。（8～10分） 2. 能完成操作，但过程中有遗漏步骤。（5～7分） 3. 不能按照要求完成操作。（0～4分）			
	遵章守纪（10分）	1. 能完全遵守实训管理制度和劳动纪律，无违纪行为。（8～10分） 2. 能遵守实训管理制度，迟到/早退1次。（5～7分） 3. 违反实训管理制度，或旷课1次。（0～4分）			
总成绩		备注　总成绩＝自评分×0.2＋组评分×0.3＋师评×0.5			

课程素质案例

大国工匠时敬龙：以技为基创新公关擦亮民族汽车品牌

项目 2
自动变速器系统

 情景描述

　　修理厂来了一辆起亚赛拉图 1.6 L 轿车。据车主反映，挂入 D 挡或 R 挡后，如果踩住制动踏板，发动机会产生抖动，感觉好像要熄火一样，但起步后行驶没有问题。这样的故障，既影响该辆汽车的稳定性和舒适性，又影响车辆的安全性和使用寿命。这是怎么回事呢？

 项目概述

　　本项目主要讲述自动变速器（变速箱）的基础知识，是后续课程中进行相关试验、检测与维修的必备知识。通过学习和掌握自动变速器的组成和功能，可明确地了解自动变速器在发动机中的作用。

 项目目标

　　1. 提高自身技术素养和操作能力，包括严谨的工作态度、扎实的理论基础、丰富的实践经验等。
　　2. 掌握自动变速器的主要组成部分。
　　3. 掌握自动变速器各组成部分的元器件及工作原理。
　　4. 能够实车识别自动变速器各组成部分。

任务 1

自动变速器种类的认识

任务引导

自动变速器又称自动挡。自动变速器具有操作容易、驾驶舒适、能缓解驾驶疲劳等优点，已成为现代轿车配置的发展方向。装有自动变速器的汽车能根据路面状况自动变速变矩，驾驶员可以全神贯注地注视路面交通而不会被换挡弄得手忙脚乱。

任务描述

通过本任务的学习，熟悉自动变速器技术的发展，了解自动变速器的发展趋势，掌握自动变速器的功能和组成，为后续的应用场景学习打下坚实的基础。

任务目标

1. 培养对汽车行业的热爱和敬业精神。
2. 增强团队合作意识。
3. 掌握自动变速器的功能和组成。
4. 能描述自动变速器的组成。
5. 能实车认知自动变速器的组成。

任务准备

一、功能

自动变速器是一种汽车变速装置，能够根据发动机的负荷和车辆的行驶速度，自动地变换传动比的大小，实现挡位高低的变换，满足汽车在各种复杂路面上的行驶要求。

下面以解放 J6 或 J7 配置的 CA12TA AMT 变速箱为例进行讲解。

1. 手动换挡变速器功能

当驾驶员选择 M 挡时，变速箱计算机对变速箱升降挡的控制主要依据驾驶员操作的指令，加挡或减挡来执行变速箱的换挡控制。

2. 自动换挡变速器功能

当驾驶员选择 D 挡或 R 挡时，变速箱控制模块依据油门踏板开度、车速、发动机转速、制动踏板等信息，判断当前适合的挡位，由控制模块控制执行器动作来完成离合器的结合或分离，变速箱的选挡、换挡、高低挡的转换等动作，实现目标挡位。

（1）自我保护。当驾驶员选择 M 挡时，虽然变速箱计算机控制换挡主要依据驾驶员换挡请求，但如果驾驶员的操作在极端情况下会导致变速箱损坏、发动机机械部件损坏或发动机排放超限等情况，此时，变速箱控制模块不会按照驾驶员的请求去执行，从而最大限度保护车辆。

（2）自我学习。车辆在行驶过程中零部件的磨损或制作、装配工艺的差别，离合器片、变速箱选换挡机械部件会存在机械偏差或磨损，为了让变速箱换挡始终属于最优化的状态，变速箱模块会不断学习其偏差，持久地使车辆保持最佳的工作状态。

（3）故障自诊断。由电子控制模块控制的系统，模块往往都会对系统零部件及工作性能进行自我诊断，如果发现异常，会通过仪表点亮故障指示灯的方式提醒驾驶员进行维修保养。

二、分类

自动变速器是相对于手动变速器而出现的一种能够自动根据汽车车速和发动机转速来进行自动换挡操纵的变速装置。目前，常见的汽车自动变速器有电控机械式自动变速器（AMT）、双离合自动变速器（DCT）、液力自动变速器（AT）和无级自动变速器（CVT）。

1. AMT

AMT 是在传统的手动变速箱、离合器的基础之上，变速箱控制模块（TCM）通过控制执行器，实现对离合器和选挡、挂挡机构控制，满足自动换挡的需求，如图 2-1-1 所示。

2. DCT

DCT，顾名思义，该变速箱有两个离合器。DCT 依据离合器的工作环境分为干式和湿式两种类型。

（1）干式 DCT。其离合器与普通的手动变速箱的离合器压盘类似，其工作产生的热量通过自然通风散热。其优点是结构简单、维修容易。

图 2-1-1　AMT

如图 2-1-2 所示为北京现代 SONATA（DN8C）搭载的 7 速双离合变速箱离合器，属于干式离合器。

（2）湿式 DCT。其离合器采用油压式控制，离合器片始终在油液中浸泡，油液有专门的散热器进行散热，如图 2-1-3 所示。

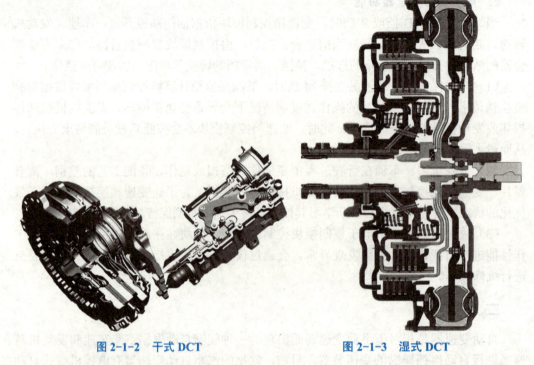

图 2-1-2 干式 DCT   图 2-1-3 湿式 DCT

其优点是能大大改善车辆在拥堵路况的行驶能力；缺点是结构复杂、维修难度大。

DCT 变速箱基础结构与传统手动变速箱类似，只是它内部有两个输入轴、两个输出轴、两个离合器，TCM 通过控制执行器，实现交替切换两个离合器来切换两个输入轴，同时控制变速箱挂挡拨叉移动，来实现交替自动换挡的需求，如图 2-1-4 所示。

3. AT

AT 是利用常啮合的行星齿轮作为变速机构，TCM 通过对液压式离合器、制动器的控制，实现传动比改变的自动变速箱。

如图 2-1-5 所示为北京现代 SONATA（DN8C）搭载的 8 速自动变速箱 AT。

图 2-1-4 DCT   图 2-1-5 AT

4. CVT

CVT 是 TCM 通过利用控制主动轮和被动轮直径的大小来实现传动比连续变化的变速自动变速箱。

如图 2-1-6 所示为北京现代第七代伊兰特（CN7C）搭载的 CVT。

图 2-1-6　CVT

 任务实施

一、实操目标

（1）能够实物认知自动变速器的组成。

（2）能够实物认知自动变速器的功能、类别。

二、实施计划

项目	内容
时间安排	45 min
实操车型	带自动变速器车辆 1 台
设备与工具	举升机 1 台； 手电筒 1 个
注意事项	车辆举升到高位时，在落下保险锁锁止后，方可进入车辆下方

三、实操任务

（1）实操车型的品牌：_____，型号：_____，年款：_____。

（2）打开汽车引擎盖的方式：_____。

（3）对应实车认知自动变速器系统零部件的组成，按照顺序记录下来。

_____

_____

_____

_____

_____

（4）自动变速器油泵类型：_____

_____

_____

（5）自动变速器油的颜色及型号：_____

_____

_____

（6）自动变速器油首保或过首保期多少千米更换一次？_____

_____

_____

（7）自动变速器换油的方法：_____

_____

_____

心得体会

_____

_____

_____

_____

微课：自动变速器的认识

任务 2

AT 电控系统的认识

　　自动变速器主要分为液控和电控两种。液控变速器主要是利用速控阀的油压信号和节气门阀的油压信号在液控阀板里进行对比，从而改变液控阀板中各种换挡阀的位置，使来自主调压阀的主油路走向发生改变，进入相应换挡阀之后再作用于相应挡位的离合器和制动器活塞，使各挡位的行星齿轮机构出现组合式变化，从而产生挡位变化。而电控变速器与之不同，AT 电控系统有哪些？组成是什么？功能是什么？这是本任务需要了解的内容。

任务描述

　　通过本任务的学习，熟悉 AT 的分类，了解 AT 电控系统的工作原理，掌握 AT 电控系统的功能和组成，为后续的应用场景学习打下坚实的基础。

任务目标

1. 培养对汽车行业的兴趣和敬业精神。
2. 增强团队合作意识。
3. 掌握 AT 电控系统的功能和组成。
4. 能描述 AT 电控系统的组成。
5. 能实车认知 AT 电控系统的组成。

任务准备

一、AT 的分类

　　按变速箱齿轮轴是否固定，AT 可分为固定轴线齿轮结构式和转轴式行星齿轮机构两种。

1. 固定轴线齿轮结构式 AT

　　固定轴线齿轮结构式 AT 的内部结构类似传统的手动变速箱，其输入轴与输出轴轴线固定不同，两条轴线互相平行，所以又称为平行轴式自动变速箱。其特点是体积较

大，传动比较小，采用的车型较少，目前只有广州本田的部分变速箱采用此结构类型，如图 2-2-1 所示。

2. 转轴式行星齿轮机构 AT

转轴式行星齿轮机构 AT 结构紧凑，能够获得较大的传动比，如图 2-2-2 所示。目前大多数轿车采用了行星齿轮式自动变速箱。

图 2-2-1　固定轴线齿轮结构式 AT　　　　图 2-2-2　转轴式行星齿轮机构 AT

二、AT 电控系统的组成

AT 电控系统主要由行星齿轮传动机构、液压控制系统、电气控制系统组成。

1. 行星齿轮传动机构

行星齿轮传动机构的作用是通过将行星齿轮组中的某一元件与输入轴连接，另一个元件制动，实现一个传递比的挡位动力传递，切换不同元件与输入连接和制动，就会获得多个传递比的挡位动力传递。

其齿轮结构特点：前后太阳轮连成一体，称为前后太阳轮总成；前行星排的行星架和后行星排的齿圈连为一体，称为前行星架后齿圈总成；前行星架和后齿圈连为一体。

2. 液压控制系统

液压控制系统的主要作用是建立油压，并控制液压油的流向，实现液压制动器或离合器的结合和分离。液压制动器或离合器的结合和分离，控制行星齿轮组中的某个元件与输入轴结合或制动，实现多个挡位之间自动切换的需求，如图 2-2-3 所示。

图 2-2-3　液压控制系统

3. 电气控制系统

电气控制系统的主要作用是变速箱控制模块 TCM 接收来自各种传感器信号，经过内部运算处理，输出指令控制目标执行器（电磁阀）动作，电磁阀则控制阀体运动进而实现液压制动器或离合器的结合和分离，如图 2-2-4 所示。

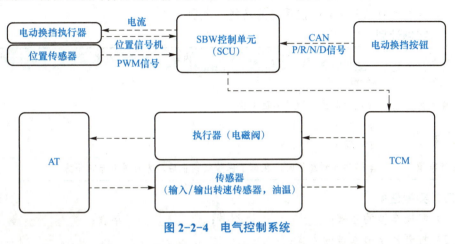

图 2-2-4　电气控制系统

三、AT 电控系统的基本工作原理

TCM 通过各种传感器的监测来判断当前的挡位，其通过控制目标电磁阀工作来控制目标液压阀体阀芯的移动，液压阀体阀芯移动能够控制目标离合器和制动器压力需求，使目标离合器结合和制动器制动，离合器和制动器分别控制目标行星齿轮的元件与输入轴结合和制动，发动机通过飞轮带动变扭器将动力传输给变速箱输入轴，经过内部行星齿轮的传动，最终实现动力输出。在车辆行驶中，TCM 继续监测各个传感器信号，当需要进行换挡时，又开始控制电磁阀，电磁阀控制阀体，阀体控制离合器和执行器，离合器控制行星齿轮元件，最终实现新的挡位。变速箱不断监测传感器信号，控制不同电磁阀，实现各个挡位的动力传递，如图 2-2-5 所示。

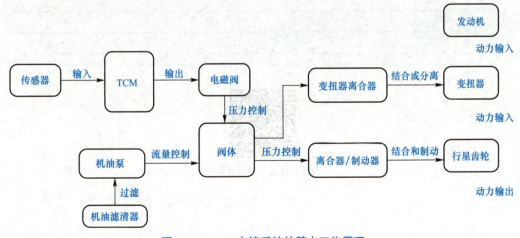

图 2-2-5　AT 电控系统的基本工作原理

任务实施

一、实操目标

（1）能够实物认知 AT 电控系统的组成。

（2）能够实物认知 AT 电控系统的功能、类别。

二、实施计划

项目	内容
时间安排	45 min
实操车型	带汽油电控发动机车辆 1 台
设备与工具	举升机 1 台； 手电筒 1 个
注意事项	车辆举升到高位时，在落下保险锁锁止后，方可进入车辆下方

三、实操任务

（1）实操车型的品牌：_____，型号：_____，年款：_____。

（2）打开汽车引擎盖的方式：_____。

（3）对应实车认知 AT 电控系统零部件的组成，按照顺序记录下来。

_____

_____

_____

（4）用解码仪实车检查自动变速器故障并记录：_____

（5）用解码仪逐个测试电磁阀的好坏并记录：_____

心得体会

_____

_____

_____

_____

微课：液力变矩器的认识

任务 3

AMT 电控系统的认识

电控机械式自动变速器（AMT）是在传统的手动齿轮式变速器基础上改进而来的。它结合了 AT（自动）和 MT（手动）的优点，既具有液力自动变速器自动变速的优点，又保留了原手动变速器齿轮传动效率高、成本低、结构简单、易制造的长处，是非常适合我国国情的机电液一体化自动变速器。AMT 电控技术有哪些？组成是什么？功能是什么？这是本任务需要了解的内容。

任务描述

通过本任务的学习，熟悉汽车 AMT 的分类，掌握 AMT 电控系统的功能和组成，为后续的应用场景学习打下坚实的基础。

任务目标

1. 培养对汽车行业的兴趣和敬业精神。
2. 增强团队合作意识。
3. 掌握 AMT 电控系统的功能和组成。
4. 能描述 AMT 电控系统的组成。
5. 能实车认知 AMT 电控系统的组成。

任务准备

一、AMT 的分类

按选换挡执行机构的结构不同，AMT 可分为电子液压式和单纯电子式两种。

1. 电子液压式 AMT

在原手动机械变速箱的基础上，选挡、换挡操作由液压系统完成，如图 2-3-1 所示。

此系统由液压油泵、液压阀体、蓄压器、执行器、变速箱控制模块等组成，相对复杂一些。

2. 单纯电子式 AMT

在原手动机械变速箱的基础上，选挡、换挡、离合器都由电机直接驱动，如图 2-3-2 所示。这种类型的系统相对简单一些。

图 2-3-1　电子液压式 AMT　　　　　图 2-3-2　单纯电子式 AMT

二、AMT 电控系统的组成

AMT 电控系统最主要的控制器是 TCU。TCU 的控制策略从功能上大体可以分成九大子系统，如图 2-3-3 所示。

图 2-3-3　TCU 功能模块

1. 信息中心子系统

信息中心子系统的主要功能是通过硬件采集外部传感器的信号，如模拟量采集、数字量采集、PWM 采样等，在软件部分对这些信号进行滤波、物理量化处理等。

2. 驾驶员观察子系统

驾驶员观察子系统的主要功能是从接收到的信号中分析出驾驶员的意图。驾驶员有些意图很明显，如挂倒挡就是要后退；但有些意图可能不明显，如制动可能只是减速，也可能是要停车。在某些情况下，有些信号也可能是驾驶员的误操作所致，需要通过驾驶员观察子系统结合各种情况分辨出驾驶员意图。

3. 通信子系统

通信子系统主要分为 CAN 通信 / 硬线通信，可以从外部获取有用信息和向外部传递所需要的信息。

4. 自保护子系统

自保护子系统的主要功能是监控一些特殊易损件、易错的操作机构物理量的变化，以便及早发现问题，加以防范。TCU 应及时将结果告知驾驶员或尽可能采取措施避免故障的发生，或减少发生事故时的影响。

5. 自学习子系统

自学习子系统的主要功能是通过一些已知的信号将某些不能直接通过传感器也不能通过通信方法向外部获取的位置信号进行间接计算和估算，然后和已知信号一起作用于 AMT 的控制和故障诊断。自学习的准确性对于 AMT 的准确控制至关重要。

6. 挡位决策中心子系统

挡位决策中心子系统的主要功能是根据传感器送来的信息、通过信息方法获得的信息，以及通过自学习获得的衍生信息来决定最佳挡位是什么（挡位决策）。如果得到的最佳挡位和现有运行挡位不同，就发布换挡指令。

7. 执行换挡子系统

执行换挡子系统的主要功能是收到换挡指令后，以最安全的方法快速平顺切换到最佳挡位。不同的执行机构，换挡的控制方法可能不同。AMT 的换挡效果如何，很大程度上取决于这个子系统的控制方式和控制精度。这个子系统既要控制选换挡执行机构的准确运动，又要控制主动力源的转速和输出转矩。

8. 起步控制子系统

起步控制子系统的主要功能是在驾驶员启动车辆和踩下踏板后根据换挡手柄位置来控制车辆平顺地前进或倒退。AMT 必须能在各种常见的坡度上实现安全平顺起步。

9. 故障诊断处理子系统

故障诊断处理子系统的主要功能是对所有从传感器、通过通信从外部得到的或通过自学习得到的衍生信号进行判别，确定其正确性，还要对所有执行机构进行检验以确定所有执行指令得到有效执行，还要检查 TCU 本身是否健康。如果信号不正确、执行机构有问题或 TCU 有故障，就要及时准确地通知驾驶员并采取应有的措施以减少危险。

以上九个子系统就是 TCU 软件设计时必须设计的子系统，从信息采集、通信、挡位决策、换挡到故障诊断及处理，每个子系统都需要经过信号处理及逻辑判断，最终输出对应的信息。后面再仔细讲述每个子系统功能模块具体如何操作。

 任务实施

一、实操目标

（1）能够实物认知 AMT 电控系统的组成。

（2）能够实物认知 AMT 电控系统的功能、类别。

二、实施计划

项目	内容
时间安排	45 min
实操车型	带汽油电控发动机车辆 1 台
设备与工具	举升机 1 台； 手电筒 1 个
注意事项	车辆举升到高位时，在落下保险锁锁止后，方可进入车辆下方

三、实操任务

（1）实操车型的品牌：_____，型号：_____，年款：_____。

（2）打开汽车引擎盖的方式：_____。

（3）对应实车认知 AMT 电控系统零部件的组成，按照顺序记录下来。

_____

_____

_____

_____

_____

_____

_____

心得体会

_____

_____

_____

_____

_____

微课：齿轮传动机构的结构与认识

任务 4

DCT 电控系统的认识

 **任务引导**

　　双离合自动变速器（DCT）又称为直接换挡自动变速器（DSG），结合了手动变速器和自动变速器的优点，通过两套离合器的相互交替工作，达到无间隙换挡的效果。拥有手动变速器的灵活性及自动变速器的舒适性，还实现无间断的动力输出。DCT 电控技术有哪些？组成是什么？功能是什么？如何实现无间断动力输出？这是本任务需要了解的内容。

任务描述

　　通过本任务的学习，了解 DCT 电控系统的工作原理，掌握 DCT 电控系统的功能和组成，为后续的应用场景学习打下坚实的基础。

任务目标

1. 培养对汽车行业的兴趣和敬业精神。
2. 增强团队合作意识。
3. 掌握 DCT 电控系统的功能和组成。
4. 能描述 DCT 电控系统的组成。
5. 能实车认知 DCT 电控系统的组成。

 **任务准备**

一、DCT 电控系统的基本组成

DCT 电控系统主要由离合传动机构、齿轮传动机构、电气控制系统组成。

1. 离合传动机构

离合传动机构的作用是将发动机飞轮传递过来的动力，传动给变速箱的两个输入轴。

注意： 每次只能有一个离合器传递动力，两个离合器交替传输动力。

　　如图 2-4-1 所示为北京现代 SONATA（DN8C）搭载的 7 速双离合变速箱的离合器总成及驱动装置。

项目 **2** 自动变速器系统

049

2. 齿轮传动机构

齿轮传动机构的内部主体与以往的手动变速箱类似，只是其内部有两个输入轴和两个输出轴。每个输入轴和输出轴都分布着各个挡位的齿轮副，通过同步器套的结合和分离，实现不同挡位的动力传递。

如图 2-4-2 所示为北京现代 SONATA（DN8C）搭载的 7 速双离合变速箱的齿轮传动机构。

图 2-4-1　双离合变速箱的离合器总成及驱动装置　　图 2-4-2　双离合变速箱的齿轮传动机构

3. 电气控制系统

电气控制系统的主要作用是通过 TCM 接收来自各种传感器的信号，进行内部运算处理，来控制目标执行器（离合器执行器或选挡、换挡执行器）动作，实现离合器分离与结合、变速箱挡位齿轮同步器结合套结合与分离，最终实现不同挡位的换挡，如图 2-4-3 所示。

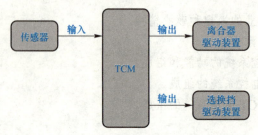

图 2-4-3　电气控制系统

二、DCT 电控系统的基本工作原理

如图 2-4-4 所示，TCM 通过各种传感器的监测来判断当前的挡位。其通过控制目标离合器电机工作来控制目标离合器结合或分类，使发动机通过飞轮将动力传输给变速箱的输入轴。同时，TCM 通过控制目标选挡和挂挡电机或电磁阀来控制目标同步器结合套结合和分离，从而实现变速箱挡位的动力输出。

TCM 继续监测各个传感器的信号，当需要进行换挡时，又开始对新的目标离合、新的目标同步器进行控制，实现新的挡位传动。

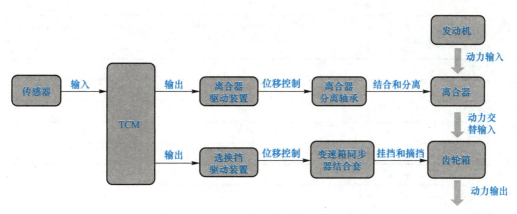

图 2-4-4　DCT 电控系统的基本工作原理

　　注意： 在变速箱工作过程中，只能有一个离合器处于结合状态，两个离合器交替结合。变速箱内部挡位可以是一个挡位，也可以是两个挡位，但因只有一个离合器能传递动力，故不会导致变速箱齿轮之间的干涉现象。

 **任务实施**

一、实操目标

（1）能够实物认知 DCT 电控系统的组成。

（2）能够实物认知 DCT 电控系统的功能、类别。

二、实施计划

项目	内容
时间安排	45 min
实操车型	带汽油电控发动机车辆 1 台
设备与工具	举升机 1 台； 手电筒 1 个
注意事项	车辆举升到高位时，在落下保险锁锁止后，方可进入车辆下方

三、实操任务

（1）实操车型的品牌：_____，型号：_____，年款：_____。

（2）打开汽车引擎盖的方式：_____。

（3）对应实车认知 DCT 电控系统零部件的组成，按照顺序记录下来。

_____

_____

_____

_____

_____

_____

心得体会

_____

_____

_____

_____

_____

_____

微课：换挡执行元件的认识

任务 5

CVT 电控系统的认识

传统车辆动力总成有两大核心部件：发动机和变速器。从历史发展来看，发动机作为动力输出源，代表技术的高度，无论是厂家对发动机的研发投入还是消费者对发动机的关注度都非常高。相比而言，变速器一直处于配角地位。但近年来，变速器特别是自动变速器的分量越来越重，渐有与发动机组成舞台双 C 之势。CVT 电控系统技术有哪些？组成是什么？功能是什么？这是本任务需要了解的内容。

任务描述

通过本任务的学习，熟悉 CVT 的分类，了解 CVT 的结构和换挡原理，掌握 CVT 电控系统的功能和组成，为后续的应用场景学习打下坚实的基础。

任务目标

1. 培养对汽车行业的兴趣和敬业精神。
2. 增强团队合作意识。
3. 掌握 CVT 电控系统的功能和组成。
4. 能描述 CVT 电控系统的组成。
5. 能实车认知 CVT 电控系统的组成。

任务准备

一、CVT 的分类

按变速传动带的结构类型不同，CVT 可分为钢带式和链带式两种。

1. 钢带式 CVT

钢带式 CVT 主要依靠两个轮之间的钢带与轮的摩擦力来传递动力，如图 2-5-1 所示。

2. 链带式 CVT

链带式 CVT 主要依靠两个轮之间的链带与轮的齿轮啮合来传递动力。由于该结构靠链带与齿轮拟合传动，因此传动效率较高，如图 2-5-2 所示。

图 2-5-1　钢带式 CVT

图 2-5-2　链带式 CVT

二、CVT 的结构和换挡原理

CVT 的结构和工作原理如图 2-5-3 所示。该变速器主要包括主动轮组、从动轮组、金属带和液压泵等基本部件。金属带由两束金属环和几百个金属片构成。主动轮组和从动轮组都由可动盘和固定盘组成，与油缸靠近的一侧带轮可以在轴上滑动，另一侧则固定。可动盘与固定盘都是锥面结构的，它们的锥面形成 V 型槽与 V 型金属传动带啮合。

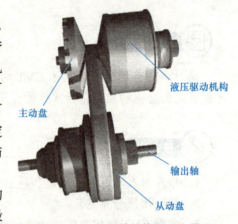

图 2-5-3　CVT 的结构和工作原理

发动机输出轴输出的动力首先传递到 CVT 的主动轮，然后通过 V 型传动带传递到从动轮，最后经减速器、差速器传递给车轮来驱动汽车。工作时通过主动轮与从动轮的可动盘做轴向移动来改变主动轮、从动轮锥面与 V 型传动带啮合的工作半径，从而改变传动比。

可动盘的轴向移动量是根据需要通过控制系统调节主动轮、从动轮液压泵油缸压力来实现的。由于主动轮和从动轮的工作半径可以实现连续调节，从而实现了无级变速。

1. 飞轮减震装置

四行程内燃机工作时有三个行程是不做功的，因此需要有质量较大的旋转元件储存能量，从而带动曲轴越过这三个行程。CVT 取消了变矩器作为惯性件，重新恢复了飞轮的使用。

由于飞轮质量不可能过大，因此，其在工作时转速是不均匀的，即在做功行程转得快，在其他行程则转得慢。这种转速的不均匀性传递到变速箱内就会形成振动，在急速和低转速时由于单位时间内做功次数少，因此发动机周期振动非常明显，如果这种振动传递到变速箱内，直接作用在与底盘相连的齿轮等部件上，就会形成很大的冲击负荷，不仅会在变速箱内产生噪声，影响整车的舒适性，还会影响零件寿命。因此，需要一个减震装置来缓冲这种振动。不同的发动机采用的减震元件也不相同。

2. 离合器

以奥迪 01J 为例，其采用多片式离合器控制相应的行星齿轮机构，从而控制变速箱输入轴与变速箱动力传动系统的连接，实现动力的传递。内部共有两个离合器，一个是前进挡离合器，另一个是倒挡离合器。

奥迪 01J 离合器为湿式离合器（可能湿式离合器可实现终身免换），与自动变速箱所用离合器相同，其作用（与干式离合器相同）是使汽车平稳起步、中断动力传递等。

3. 行星齿轮机构

通常，行星齿轮机构起变速器的作用，即把行星齿轮机构中中心轮、行星支架和齿圈这三个件中的任意两个件作为动力的输入端而加以约束，则第三个件可作为减速后的动力输出。

4. 离合器的控制

根据离合器所完成的功能及保证安全等方面来考虑，离合器的控制包括起步控制、安全切断、过载保护、爬行控制、微滑控制、自适应控制。

5. 辅助减速机构

由行星齿轮机构输出的扭矩是通过一套辅助减速机构才传递到变矩轮的。

6. 变矩轮

变矩轮是减速增扭机构（变速变扭机构）。其作用是改变发动机的输出扭矩和输出转速，使之可以用在驱动轮上。其传递扭矩是依靠变矩轮与链条间的摩擦力而实现的，改变扭矩则是通过链轮宽度发生变化从而改变链条在变矩轮上的直径而实现的。

三、CVT 电控系统

CVT 电控系统与其他自动变速器的电控系统结构和工作原理相似，由输入装置、电控单元和输出装置，即传感器、控制单元和执行元件三部分组成，如图 2-5-4 所示。

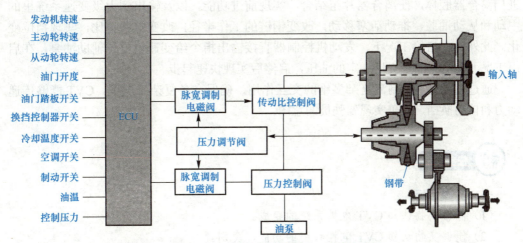

图 2-5-4 CVT 电控系统的动力 / 控制总流程

输入装置包括各种开关和传感器，主要有模式选择开关、手动换挡位置传感器、节气门位置传感器、车速传感器、发动机转速传感器、温度传感器、制动踏板位置传感器等，为电控单元提供各种开关信号和汽车工作状态信号。

电控单元可以按其预定程序，对来自各种开关和传感器的电信号进行分析、判断，然后向输出装置发出指令，以控制自动变速器增减速。电控单元具有自诊断和失效保护等功能。

输出装置即执行器，主要是几个压力控制电磁阀。它们将控制电流转变为相应的液压控制压力，实现不同的工作使命，如实现离合器冷却控制、离合器压力控制、无级变速控制等。

1. 动力路线

发动机动力通过液力变扭器，传递到前进挡/倒挡离合器总成，然后到锥轮无级变速系统，再通过主减速/差速器总成，最终输出到轮端。

2. 控制原理

以前进挡（D挡）为例。驾驶员拨动换挡杆到D挡，把变速箱液压阀体总成内的手阀拉到D挡位置，机械地接通D挡油路，这是一个机械信号；同时，挡位位置传感器发出一个电控信号给变速箱控制器（TCM），告诉整车换到了D挡。TCM根据内部传感器信息（油压、油温、转速、挡位等7个信息）和通过CAN总线交互从发动机/整车控制器得到的外部信息（如油门开度、车速、发动机/整车是否报故障码等信息），基于内置在TCM里的工作逻辑（控制软件）和标定参数（shift map），确定对应的换挡操作，从而向变速箱的6个电磁阀发出电控指令。

收到电流信号的电磁阀，根据电磁阀的液压/电流特性（PI curve），将电流转换为控制油压，控制油压输出到液压阀体总成推动各阀芯，打开/关闭/增大/减小各油路。

机械油泵输出的高压油，通过不同油路输出到各执行零件，如输出油压到液力变扭器离合器（TCC），控制动力输入模式是液力输入还是机械直连输入；输出油压到前进挡离合器腔体，使离合器片组结合，实现前进功能，以及输出到无级变速系统里的主动和从动油腔，推动活塞移动，改变钢链的工作半径，改变链条速比，实现挡位变化。此外，在启停工况下，发动机控制器直接输出指令给变速箱电子辅助油泵，在启停工况下由电子油泵提供一定的油压，启停后实现快速起步。

通过动力流/控制流复杂多维的交互作用，确保在各复杂工况下，CVT能够传递动力和自动换挡，完美实现驾驶员的意图。

 任务实施

一、实操目标

（1）能够实物认知CVT电控系统的组成。

（2）能够实物认知CVT电控系统的功能、类别。

二、实施计划

项目	内容
时间安排	45 min
实操车型	带 CVT 电控系统车辆 1 台
设备与工具	举升机 1 台； 手电筒 1 个
注意事项	车辆举升到高位时，在落下保险锁锁止后，方可进入车辆下方

三、实操任务

（1）实操车型的品牌：_____，型号：_____，年款：_____。

（2）打开汽车引擎盖的方式：_____。

（3）对应实车认知 CVT 电控系统零部件的组成，按照顺序记录下来。

_____

_____

_____

_____

_____

_____

_____

_____

心得体会

_____

_____

_____

_____

_____

_____

_____

微课：电控系统的认识

自动变速器的认识评价表

评价任务	评价内容	评价标准	评价等级		
			自评	组评	师评
信息收集（10分）	专业资料准备（10分）	1. 能根据任务，熟练查找资料，能较全面地获取所需要的专业资料。（8～10分） 2. 熟练查找资料，能部分获取所需要的专业资料。（5～7分） 3. 没有查找专业资料或资料极少。（0～4分）			
实际操作（70分）	着装和工器具选用（10分）	1. 合理着装，合理选取工器具，合理布置工作现场。（9～10分） 2. 未合理着装，未合理选取工器具，合理布置工作现场。（6～8分） 3. 未合理着装，未合理选取工器具，未合理布置工作现场。（0～5分）			
	自动变速器种类的认识（15分）	1. 能全面认识系统零部件，内容记录完整，内容填写完整。（12～15分） 2. 能部分认识系统零部件，存在2项以内错误，内容记录部分完整。（9～11分） 3. 填写不完整，存在3项以上错误，内容记录不完整。（0～8分）			
	AT电控系统的认识（15分）	1. 能全面认识系统零部件，内容记录完整，内容填写完整。（12～15分） 2. 能部分认识系统零部件，存在2项以内错误，内容记录部分完整。（9～11分） 3. 填写不完整，存在3项以上错误，内容记录不完整。（0～8分）			
	AMT电控系统的认识（10分）	1. 能全面认识系统零部件，内容记录完整，内容填写完整。（9～10分） 2. 能部分认识系统零部件，存在2项以内错误，内容记录部分完整。（6～8分） 3. 填写不完整，存在3项以上错误，内容记录不完整。（0～5分）			
	DCT电控系统的认识（10分）	1. 能全面认识系统零部件，内容填写完整。（9～10分） 2. 能部分认识系统零部件，存在2项以内错误，内容记录部分完整。（6～8分） 3. 填写不完整，存在3项以上错误，内容记录不完整。（0～5分）			
	CVT电控系统的认识（10分）	1. 能全面认识系统零部件，内容记录完整，内容填写完整。（9～10分） 2. 能部分认识系统零部件，存在2项以内错误，内容记录部分完整。（6～8分） 3. 填写不完整，存在3项以上错误，内容记录不完整。（0～5分）			

评价任务	评价内容	评价标准	评价等级		
			自评	组评	师评
基本素质（20分）	严谨细致（10分）	1. 能按要求进行细致操作。（8～10分） 2. 能完成操作，但过程中有遗漏步骤。（5～7分） 3. 不能按照要求完成操作。（0～4分）			
	遵章守纪（10分）	1. 能完全遵守实训管理制度和劳动纪律，无违纪行为。（8～10分） 2. 能遵守实训管理制度，迟到／早退1次。（5～7分） 3. 违反实训管理制度，或旷课1次。（0～4分）			
总成绩		备注	总成绩＝自评分×0.2＋组评分×0.3＋师评分×0.5		

课程素质案例

新能源汽车维修师成汽车维修行业"新宠"

项目
2
自动变速器系统

项目 3
底盘电控系统

 **情景描述**

修理厂来了一辆宝马轿车。据车主反映，汽车在行驶的过程中，仪表盘上 ABS 灯一直是亮的。其担心汽车制动系统有问题，希望得到专业维修技师的帮助。

 **项目概述**

本项目主要讲述汽车底盘电控系统的基础知识，是后续课程中进行相关试验、检测与维修的必备知识。通过学习和掌握底盘电控系统的组成和功能，可对电控技术在底盘中的作用有明确的了解。

 **项目目标**

1. 培养创新精神、认真负责的工作态度、严谨的行为规范，培养符合汽车维修行业职业岗位（群）所要求的职业道德与职业素养。
2. 培养学习汽车新知识、新技术的能力，为适应汽车行业职业岗位（群）的要求打下基础，提高走向社会求职的竞争力。
3. 培养专业兴趣，增强职业素养。
4. 具有集体荣誉感、团队合作意识和计划组织协调能力。
5. 了解汽车底盘电控系统的发展趋势。
6. 掌握汽车底盘电控系统主要组成部分。
7. 掌握汽车底盘电控系统各组成部分的元器件及工作原理。
8. 能够实车识别汽车底盘电控系统各组成部分。

任务 1

防抱死制动系统的认识

 任务描述

汽车防抱死制动系统（Anti-lock Brake System，ABS）通过调节趋于抱死车轮的制动压力，从而将趋于抱死车轮的滑移率控制在理想范围内，使制动力接近附着力，保证汽车的操纵稳定性和制动性最佳。通过本任务的学习，掌握 ABS 基本构造及基本原理。

 任务目标

1. 培养创新精神、认真负责的工作态度、严谨的行为规范，形成符合汽车维修行业职业岗位（群）所要求的职业道德与职业素养。

2. 培养学习汽车新知识、新技术的能力，为适应汽车行业职业岗位（群）的要求打下基础，提高走向社会求职的竞争力。

3. 培养专业兴趣，增强职业素养。

4. 具有集体荣誉感、团队合作意识和计划组织协调能力。

5. 了解 ABS 系统的作用。

6. 认识 ABS 系统的零部件及在车上的位置。

7. 掌握 ABS 系统的基本构造及基本原理。

 任务准备

如果前轮抱死，驾驶员就无法控制车辆的行驶方向；如果后轮抱死，就极易出现侧滑甚至甩尾现象，造成事故。

一、防抱死制动系统（ABS）基础理论

防抱死制动系统（ABS）的作用是通过安装在车轮上的传感器发出车轮即将被抱死的信号，ECU 指令压力调节器降低该车轮制动缸的油压，减小制动力矩，经一定时间后，再恢复至原有的油压，不断地循环（可达 5 ～ 10 次 /s），始终使车轮处于转动状态又有较大的制动力矩。

采用 ABS 可以改善汽车制动时的方向操纵性，增加汽车制动时的方向稳定性，缩短制动距离，减少轮胎磨损，缓解驾驶员的紧张情绪。

在遇到紧急情况时，制动踏板一定要踩到底，才能激活 ABS，这时制动踏板

会有一些抖动，有时还会发出一些声音，但也不能松开，这表明 ABS 已经开始工作了。

二、防抱死制动系统（ABS）控制原理

汽车从纯滚动到抱死拖滑的制动过程是一个渐进的过程，经历了纯滚动、边滚边滑和纯滑动三个阶段。为了评价汽车车轮滑移成分所占的比例，常用滑移率来表示，其定义如下：

$$滑移率（S）= \frac{车速（v）- 车轮速度（v_w）}{车速（v）} \times 100\%$$

当车轮纯滚动时，轮速等于车速，滑移率等于 0%；当车轮抱死纯滑动时，轮速等于 0，滑移率等于 100%；当车轮边滚边滑时，轮速小于车速，滑移率为 0% ～ 100%。车轮滑移率越大，说明车轮在运动中滑移成分所占的比例越大。

如图 3-1-1 所示，滑移率对汽车车轮制动纵向附着系数（制动力）和侧向附着系数（转弯应力）影响极大，因而影响汽车的制动性能。

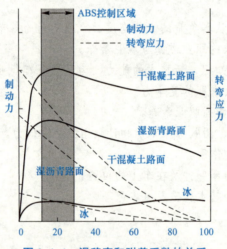

图 3-1-1　滑移率和附着系数的关系

当地面对车轮反作用力一定时，滑移率大约在 20% 时制动纵向附着系数最大，车轮与路面之间的附着力就最大，此时的地面制动力也就最大，制动效果最佳。

当滑移率等于 0 时，侧向附着系数最大，汽车抗侧滑能力最强，制动时方向稳定性最好。侧向附着系数随着滑移率的增大而减小。当车轮完全抱死拖滑时，侧向附着系数约等于 0，汽车制动稳定性最差。

基于以上理论，ABS 可防止汽车制动时车轮抱死，并把车轮的滑移率保持在 10% ～ 30%，以保证车轮与路面之间有良好的纵向、侧向附着力，有效防止制动时汽车侧滑、甩尾、失去转向等现象发生，提高汽车制动时的方向稳定性。制动时，ABS 可将制动力保持在最佳的范围内，缩短制动距离。这样就能减弱轮胎与地面之间的剧烈摩擦，从而减轻轮胎的磨损。

三、防抱死制动系统（ABS）基本组成及工作原理

1. 防抱死制动系统（ABS）基本组成

防抱死制动系统（ABS）的组成如图 3-1-2 所示。ABS 主要由控制模块和液压单元总成（HECU）、4 个轮速传感器、制动开关、制动总泵和分泵、制动管路、ABS 故障灯等组成。

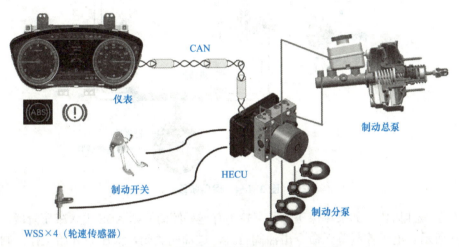

图 3-1-2　防抱死制动系统（ABS）的组成

2. 防抱死制动系统（ABS）工作原理

汽车在制动过程中，车轮转速传感器不断把各个车轮的转速信号及时输送给 ABS 电子控制单元（ECU），ECU 根据设定的控制逻辑对 4 个转速传感器输入的信号进行处理，计算汽车的参考车速、各车轮速度和减速度，确定各车轮的滑移率。

ABS 电子控制单元根据计算出的参数，通过液压控制单元控制进油阀（常开）和出油阀（常闭）的开关状态来调节制动压力，从而达到防止车轮抱死的目的。下面以桑塔纳轿车为例说明 ABS 的工作过程。

ABS 的工作过程包括常规制动阶段、保压阶段、减压阶段和升压阶段。

（1）常规制动阶段。常规制动时，通过助力器和总泵建立制动压力，此阶段又称为普通制动，因此 ABS 不工作。如图 3-1-3 所示，此时进油阀（常开阀）打开，出油阀（常闭阀）关闭，制动压力进入车轮制动器，车轮转速迅速降低，直到 ABS 电子控制单元通过转速传感器识别出车轮有抱死的倾向为止。

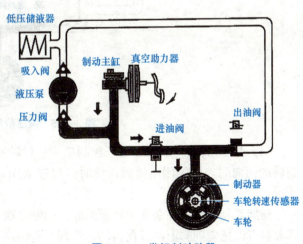

图 3-1-3　常规制动阶段

（2）保压阶段。如图 3-1-4 所示，当 ABS 电子控制单元通过转速传感器得到的信号，识别出车轮有抱死的倾向时，即关闭进油阀，出油阀仍然关闭，此时的制动压力不变，故称为保压阶段。

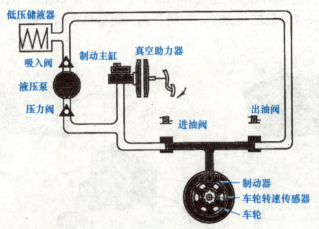

图 3-1-4　保压阶段

（3）减压阶段。如果在保压阶段车轮仍有抱死倾向，则 ABS 进入减压阶段，如图 3-1-5 所示。电子控制单元命令出油阀打开，进油阀关闭，液压泵开始工作，制动液从轮缸经低压储液器被送回制动总泵，制动压力降低，制动踏板出现抖动，车轮抱死程度降低，车轮转速开始提高。

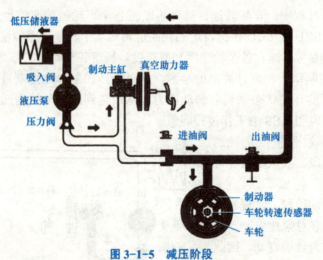

图 3-1-5　减压阶段

（4）升压阶段。当 ABS 电子控制单元通过转速传感器得到的信号，识别出车轮有旋转的倾向时，即关闭出油阀，此时开启进油阀，使制动轮缸压力升高，如图 3-1-6 所示。

防抱死制动系统在制动主缸前面腔内的制动液是动态压力制动液，在 ABS 工作时，驾驶员可以感觉到脚上踏板在抖动，听到一些噪声。

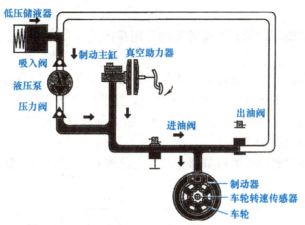

图 3-1-6　升压阶段

图中标注：低压储液器、吸入阀、液压泵、压力阀、制动主缸、真空助力器、进油阀、出油阀、制动器、车轮转速传感器、车轮

四、防抱死制动系统（ABS）主要部件

1. 传感器

（1）轮速传感器。

①作用。轮速传感器可检测车轮运动状态，获得车轮转速信号，并将车轮的减速度（或加速度）信号传送给 ECU。轮速传感器的外形与基本结构如图 3-1-7 所示。

②安装。轮速传感器一般安装在车轮处，但也有的安装在主减速器或变速器中。

（2）车速传感器。车速传感器的作用是检测车速，给 ECU 提供车速信号，用于滑移率的控制。

图 3-1-7　轮速传感器的外形与基本结构

（3）减速度传感器。减速度传感器的作用是在汽车制动时，获得汽车减速度信号。汽车在高附着系数路面上制动时，减速度大；而在低附着系数路面上制动时，减速度小，因而减速度信号送入 ECU 后，可以对路面进行识别，判断路面附着系数的高低情况。当判定汽车行驶在雪地、结冰等易打滑的路面上时，即采取相应的控制措施，以提高制动性能。减速度传感器多用于四轮驱动控制系统。

2. 电子控制单元

电子控制单元（ECU）可接收轮速信号、车速信号、发动机转速信号、制动信号、液位信号等，分析判断车轮制动状态，需要时发出调节指令。此外，ECU 还具有报警、记忆、储存、自诊断和保护功能。

ECU 外形如图 3-1-8 所示。

图 3-1-8　ECU 外形

3. 执行器

（1）油泵及储能器。油泵及储能器的作用是产生控制油压，使制动压力调节装置工作。

（2）制动压力调节器。制动压力调节器是 ABS 中最主要的执行器，一般设在制动总泵（主缸）与车轮制动分泵（轮缸）之间。按照制动压力调节器调压方式的不同，制动压力调节器可以分为循环式和可变容积式。下面以循环式制动压力调节器为例来讲解其组成和 ABS 的工作原理。

①组成。循环式制动压力调节器主要由电磁阀 4、回油泵 1、储液器 6 等组成，如图 3-1-9 所示。

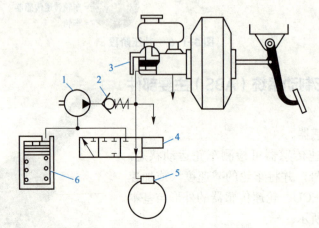

图 3-1-9　循环式制动压力调节器
1—回油泵；2—单向阀；3—制动主缸；4—电磁阀；5—制动轮缸；6—储液器

其中，电磁阀是循环式制动压力调节器的主要部件，采用三位三通电磁阀。图 3-1-10 所示为电磁阀的电路符号。"三位"指三个位置，"三通"指三个通道，电磁阀通电与否和通电电流的大小决定制动液的流向。

图 3-1-10　三位三通电磁阀电路符号

②工作原理。循环式制动压力调节器的工作原理可从以下四个工作过程来介绍，如图 3-1-11 ～图 3-1-14 所示。

a. 常规制动过程。当驾驶员踩下制动踏板时，根据 ABS ECU 发出的指令，制动压力调节器的电磁线圈不通电，制动主缸的管路经电磁阀与制动轮缸管路相通，制动轮缸的压力随制动主缸压力的变化而变化。此时回油泵不工作。

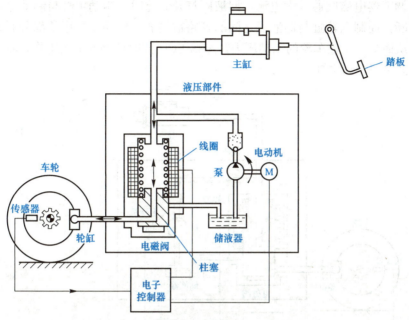

图 3-1-11　常规制动过程中 ABS 的工作原理

b．保压过程。当 ABS ECU 检测到滑移率为 10%～30%，需要对制动轮缸保持制动压力时，ABS ECU 即发出指令给电磁阀通入小电流，进液阀和回液阀都关闭，制动轮缸内的制动压力保持不变，回油泵不工作。

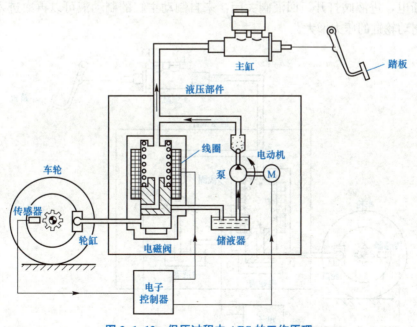

图 3-1-12　保压过程中 ABS 的工作原理

c．减压过程。当 ABS ECU 检测到滑移率大于 30% 时，ABS ECU 发出指令，使制动压力调节器电磁阀通入大电流，回液阀打开。此时，制动主缸与制动轮缸之间的通路被切断，而制动轮缸与储液器之间的管路被接通，制动轮缸中的部分制动液流入储液器，从而减小了该车轮的制动压力。ABS ECU 同时启动回油泵工作，将流入储液器的制动液泵回制动主缸。

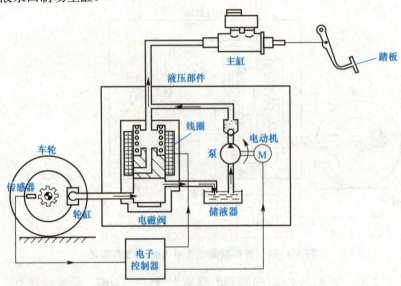

图 3-1-13　减压过程中 ABS 的工作原理

d．升压过程。当 ABS ECU 检测到滑移率小于 10% 时，ABS ECU 发出指令，使电磁阀断电，进液阀打开，回液阀关闭，来自制动主缸的制动液可以再次进入制动轮缸，使制动轮缸的压力增大。

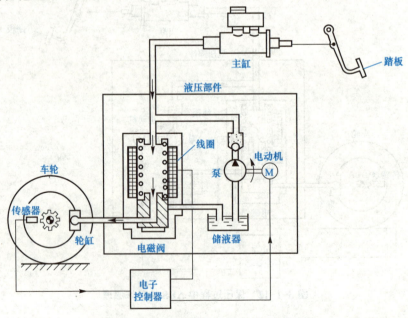

图 3-1-14　升压过程中 ABS 的工作原理

ABS 在工作过程中，会造成制动主缸内的制动液压力波动，因而制动踏板会有反弹的感觉，踏板反弹的频率为 3 ～ 4 次 /s。

一、实操目标
（1）能够实物认知防抱死制动系统的组成。
（2）能够实物认知防抱死制动系统的功能和类别。

二、实施计划

项目	内容
时间安排	45 min
实操车型	带防抱死制动系统车辆 1 台
设备与工具	举升机 1 台； 手电筒 1 个
注意事项	车辆举升到高位时，在落下保险锁锁止后，方可进入车辆下方

三、实操任务
（1）实操车型的品牌：_____，型号：_____，年款：_____。
（2）判断轮速传感器的结构类型：_____。
（3）对应实车认知防抱死制动系统零部件的组成及位置，按照顺序记录下来。

_____
_____
_____
_____
_____
_____
_____
_____
_____
_____
_____
_____
_____
_____
_____

项目 3 底盘电控系统

（4）读取 ABS 的故障码及各部件的数据流，并记录下来；查找故障部位，排除故障。

_____
_____
_____
_____
_____
_____
_____
_____
_____
_____
_____
_____

心得体会

_____
_____
_____
_____
_____
_____

微课：防抱死制动系统

实操：防抱死制动系统

任务 2

驱动防滑转系统的认识

任务描述

驱动防滑转系统（Anti-Slip Regulation System，ASR）的作用是车辆在驱动过程中，特别是在非对称路面或转弯时防止驱动轮滑转，以及车辆在高速行驶紧急转向时的方向修正，以提高汽车在行驶过程中的方向稳定性、转向控制能力和加速性能。通过本任务的学习，掌握 ASR 的基本构造及基本原理。

任务目标

1. 培养创新精神、认真负责的工作态度、严谨的行为规范，培养符合汽车维修行业职业岗位（群）所要求的职业道德与职业素养。

2. 培养学习汽车新知识、新技术的能力，为适应汽车行业职业岗位（群）的要求打下基础，提高走向社会求职的竞争力。

3. 培养专业兴趣，增强职业素养。

4. 具有集体荣誉感、团队合作意识和计划组织协调能力。

5. 了解 ASR 的作用。

6. 认识 ASR 的零部件及在车上的位置。

7. 掌握 ASR 的基本构造及基本原理。

任务准备

在汽车防抱死制动系统中，曾分析过汽车制动时会导致制动距离加长和操控稳定性降低等问题。其实，汽车起步、加速或行驶在附着系数比较小的路面上时，驱动轮的滑转同样会导致纵向附着系数和横向附着系数的减小，使汽车失去稳定的牵引能力和操纵能力。

根据汽车理论知识，汽车在路面上行驶时，其驱动力主要取决于两个方面：一方面是发动机的输出功率和转矩；另一方面是路面附着系数。汽车在行驶过程中，如果路面附着系数比较小，则当其启动或加速时，很容易导致车轮附着系数超过最大附着系数，多余的力矩会使车轮打滑，附着力明显降低，使汽车失去稳定的牵引能力和操纵能力。

一、驱动防滑转系统（ASR）的作用

驱动防滑转系统（ASR）的作用是当车轮出现滑转时，通过对滑转侧的车轮施加制动力或控制发动机的输出转矩以抑制车轮的滑转，从而避免汽车牵引力与行驶稳定性的下降。由于驱动防滑转系统都是通过调节驱动轮的驱动力（牵引力）来实现其作用的，因此又称为汽车牵引力控制系统（Traction Control System，TCS）。

ASR 是继 ABS 后应用于车轮防滑的电子控制系统，当车轮开始滑转时，通过降低发动机的输出转矩来减小传递给驱动车轮的驱动力，以及对驱动轮施加制动力来防止驱动力超过轮胎与路面之间的附着力而导致的驱动轮滑转（或通过增大滑转驱动轮的阻力来增加未滑转驱动轮的驱动力，使所有驱动轮的总驱动力增大），从而提高车辆的通过性及起步、加速时的安全性。因此，装有 ASR 的车辆能体现高效率的驱动性能和转向性能，提高起步及加速时的稳定性，提高在低摩擦路面上行驶时的安全性和驱动力。

在不同的车系中，驱动轮防滑转控制系统使用的英文缩写不同，但其系统组成原理相同。

ASR（Anti-Slip Regulation System），中文含义是防滑转调节控制系统，又称为驱动防滑转控制系统，主要出现在奔驰、奥迪、大众等欧洲车型中。

TRC（Traction Regulation Control），中文含义是牵引力控制系统，主要出现在丰田等日系车型中。

TCS（Traction Control System），中文含义是牵引力控制系统，主要出现在现代、起亚等韩国车型中。

二、驱转防滑转系统（ASR）的组成

ASR 的组成原理如图 3-2-1 所示。ASR 的传感器主要是轮速传感器和节气门位置传感器。

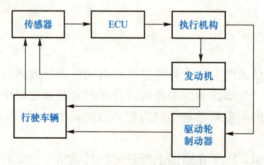

图 3-2-1　ASR 的组成原理

ASR 与 ABS 共用轮速传感器，与发动机控制系统共用节气门位置传感器。ASR 专用的信号输入装置是 ASR 选择开关。关闭 ASR 选择开关，即可停止 ASR 的使用。

ASR 执行器包括 ASR 泵、ASR 电磁阀、ASR 继电器、副节气门执行器等元件。ASR 的很多执行器都安装在液压调节器内，ASR 制动压力调节器执行 ASR 电控单元

的指令，对滑转车轮施加制动力并控制制动力的大小，以使滑转车轮的滑转率控制在 20% 左右。ASR 制动压力源是蓄能器，通过电磁阀来调节驱动车轮制动力的大小。ASR 制动压力调节器有单独式和组合式两种。ASR 的电控单元也是以微处理器为核心，配以输入 / 输出电路及电源等组成的。ASR 的元件位置如图 3-2-2 所示。

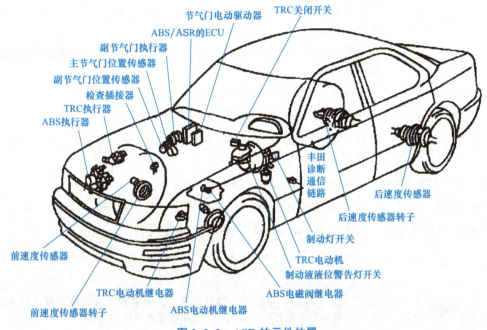

图 3-2-2　ASR 的元件位置

ASR 各部件功能见表 3-2-1。

表 3-2-1　ASR 各部件功能

部件名称	功能
ABS/ASR 的 ECU	根据来自前、后轮转速传感器和发动机节气门位置传感器的信号判断行驶情况，将控制信号发送至副节气门执行器和 ASR 制动执行器。同时，将信号发送到发动机 ECT 的 ECU，告诉 ECU 有关 ASR 的工作情况。如 ASR 发生故障，则接通 ASR 指示灯警告驾驶员。当设置在诊断模式时，它利用故障码显示每个故障
前、后轮转速传感器	检测车轮转速，将车轮转速信号发送至 ABS 和 ASR 的 ECU
空挡启动开关	将变速杆位置信号（"P" 或 "N"）输入 ABS 和 ASR 的 ECU
制动液液位警告灯开关	检测制动主缸储液室内的液面高度，将信号发送至 ABS 和 ASR 的 ECU
制动灯开关（制动信号灯开关）	检测制动信号（制动踏板是否踩下），将这一数据发送至 ABS 和 ASR 的 ECU
ASR 关闭开关	允许驾驶员使 ASR 不工作
发动机和 ECT 的 ECU	接受主、副节气门位置传感器信号，将其发送至 ABS 和 ASR 的 ECU

续表

部件名称	功能
主节气门位置传感器	检测主节气门开度，将其发送至发动机和 ECT 的 ECU
副节气门位置传感器	检测副节气门开度，将其发送至发动机和 ECT 的 ECU
ASR 制动执行器	根据来自 ABS 和 ASR 的 ECU 信号，产生和提高液压并将该液压供应至 ABS 执行器
ASR 执行器	根据来自 ABS 和 ASR 的 ECU 信号，分别控制左、右后轮盘式制动轮缸的液压
副节气门执行器	根据来自 ABS 和 ASR 的 ECU 信号，控制副节气门的开度
ASR 指示灯	提示驾驶员 ASR 在工作，警告驾驶员系统发生故障
ASR 关闭指示灯	提示驾驶员 ASR 因 ABS 或发动机控制系统发生故障而不工作或 ASR 关闭开关断开
ASR 制动主继电器	向 ASR 制动执行器和 ASR 电动机继电器供电
ASR 电动机继电器	向 ASR 泵电动机供电
ASR 节气门继电器	经 ABS 和 ASR 的 ECU 向副节气门执行器供电
泵	将制动液从制动主缸储液罐泵出，提高其压力，然后传送至蓄能器，这是一个电动机驱动柱塞泵
蓄能器	在 ASR 工作时，聚集加压的制动液，并将该制动液供应至盘式制动轮缸。蓄能器中还充有高压氮气，以缓和制动液容积的变化
蓄能器切断电磁阀	在 ASR 工作时，将来自蓄能器的液压传送至盘式制动轮缸
制动主缸切断电磁阀	当蓄能器中的液压被传送至盘式制动轮缸时，该电磁阀阻止制动液流回制动主缸
储液罐切断电磁阀	在 ASR 工作时，该电磁阀使制动液从盘式制动轮缸流回制动主缸储液室

三、驱动防滑转系统（ASR）的控制方法

ASR 的控制参数是滑转率，其计算公式如下：

$$S_d = \frac{v_w - v}{v_w} \times 100\%$$

式中　S_d——驱动轮滑转率（%）；

v_w——驱动轮轮缘速度（km/h）；

v——汽车车身速度（km/h），实际应用时，常以非驱动轮轮缘速度代替。

当车身不动（$v = 0$），而驱动车轮转动（$v > 0$）时，$S_d = 100\%$，车轮处于完全滑转状态。当驱动车轮处于纯滚动状态（$v = v_w$）时，$S_d = 0$。当 $0 < S_d < 100\%$ 时，车轮滑转率越大，说明车轮驱动过程中滑转成分所占的比例越大。控制单元根据各车轮转速传感器信号计算 S_d。当 S_d 的值超过 20% 限定值时，控制单元向执行机构发出

指令控制车轮的滑转。纵向附着系数与滑移率和滑转率的关系如图 3-2-3 所示。

在汽车上装备 ASR 的目的是在汽车起步、加速或在附着系数较低的路面上驱动时，将车轮的滑转率控制在 10% ～ 30%，使车轮与路面保持较高的附着力，提高汽车的牵引力和操控性。ASR 具有如下优点：

一是提高汽车的动力性。汽车在起步、行驶过程中可获得最佳的驱动力，尤其是在附着系数较小的路面，汽车起步、加速及爬坡能力得到显著提升。

二是提高汽车的行驶稳定性和前轮驱动汽车的转向控制能力。

三是减少轮胎磨损，降低发动机油耗。

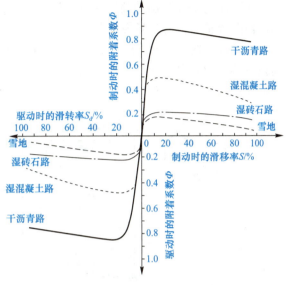

图 3-2-3　纵向附着系数与滑移率和滑转率的关系

ASR 的控制方法主要有控制发动机的输出转矩、控制驱动轮的制动力、控制防滑转差速器的锁止程度三种类型。

1. 控制发动机的输出转矩

通过调节发动机的输出转矩来调节驱动轮的驱动力是实现防滑转调节的方法之一。这种控制系统能够保证发动机输出与地面提供的驱动转矩达到匹配，从而改善燃油经济性，减少轮胎磨损。控制发动机输出转矩的方法有控制点火时间、控制燃油供给量、控制节气门开度等。

（1）控制点火时间。由内燃机的工作原理可知，减小汽油发动机的点火提前角或切断个别气缸的点火电流，均可微量降低发动机的输出转矩。现代汽车普遍采用电子点火系统。在汽车行驶过程中，ASR 的 ECU 根据轮速传感器和车速传感器信号即可计算确定驱动轮防滑转率的大小；通过减小点火提前角，即可微量降低发动机的输出转矩。当驱动轮的滑转率很大，利用延迟点火不能控制滑转率时，则可中断个别气缸点火来进一步减小滑转率。

（2）控制燃油供给量。短时间内中断供油也可微量调节发动机的输出转矩，但响应速度没有减小点火提前角迅速。这种控制方法适用于采用燃油喷射系统的汽油发动机或柴油发动机汽车。在采用电子加速踏板的汽车上，根据加速踏板行程大小，通过调节汽油发动机节气门开度或柴油发动机喷油脉冲宽度，使进气量或供油量发生改变，即可调节发动机的输出转矩。

（3）控制节气门开度。控制节气门位置（开度）可以控制进入气缸的进气量，从而能够显著改变发动机的输出转矩。现代汽车（如丰田凌志 LS300、LS400 型等）普遍采用这种方式。

在采用电子控制燃油喷射系统（EFI）的汽车上，ASR 的 ECU 根据轮速传感器和车速传感器信号计算确定驱动轮滑转率的大小之后，通过控制节气门开度和燃油喷射量等即可调节发动机的输出转矩。当驱动轮滑转率超出规定范围时，ASR 的 ECU 便会向执行器发出控制指令，减小节气门的开度，缩短喷油器的喷射时间或中断个别喷油器喷油，便可迅速降低发动机的输出转矩，从而防止驱动轮滑转，如图 3-2-4 所示。

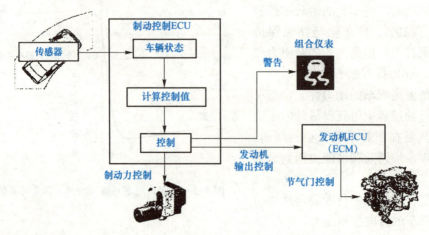

图 3-2-4　控制制动力及发动机输出

2. 控制驱动轮的制动力

控制驱动轮的制动力实际上是利用差速器的差速作用（效能）来获得较大的驱动力。控制方法如图 3-2-5 所示。

处于高附着系数 Φ_H 路面上的右侧驱动轮能够产生的驱动附着力为 F_H，处于低附着系数 Φ_L 路面上的左侧驱动轮能够产生的驱动附着力为 F_L。根据差速器转矩等量分

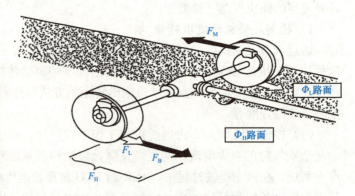

图 3-2-5　作用在驱动轮上的纵向力示意

配特性，此时汽车驱动轮上的力只取决于低附着系数路面上的驱动附着力 F_L。尽管右侧驱动轮能够产生的驱动附着力为 F_H，但是其获得的驱动附着力只能与左侧驱动轮产生的驱动附着力 F_L 相等（$F_H = F_L$），即两驱动轮能够获得的驱动附着力为 $F_{tL} = F_L + F_H = 2F_L$。为了阻止低附着系数路面上行驶的左侧驱动轮产生滑转，对其施加一个制动力 F_B，通过差速器转矩等量分配特性的作用，在右侧驱动轮上也会产生作用力 F_B（$F_H = F_L + F_B$）。此时，两驱动轮能够获得的驱动附着力为 $F_{tL} = F_L + F_H = 2F_L + F_B$，即驱动附着力使制动力 F_B 增大，发动机的输出转矩就可按增大后的驱动力进行调节。

对驱动轮施加制动力是使驱动轮保持最佳滑转率且响应速度较快的控制方法，一般作为仅采用控制节气门开度来调节发动机输出转矩的补充手段。在设计控制系统时，

为了保证乘坐的舒适性，制动力不能太大。此外，为了避免制动器过热，施加制动力的时间不能过长，因此，这种方法只限于低速行驶时短时间使用。

3. 控制防滑转差速器的锁止程度

控制防滑转差速器的锁止程度必须采用防滑转差速器进行控制。防滑转差速器是一种由电控单元控制的可锁止差速器。

在防滑转差速器向车轮输出驱动力的输出端设置一个离合器，用来调节作用在离合片上的油液压力，即可调节差速器的锁止程度。当油压逐渐降低时，差速器锁止程度逐渐减小，传递给驱动轮的驱动力就逐渐减小；反之，当油压升高时，驱动力将逐渐增大。油液压力来自蓄能器的高压油液，压力大小由防滑转调节系统的电控单元（ASR 的 ECU）通过控制电磁阀使压力"升高"或"降低"进行调节，并由压力传感器和驱动轮上的轮速传感器反馈给电控单元，从而实现反馈控制。通过调节防滑转差速器的锁止程度，即可调节传递给驱动轮的驱动力。因此，汽车在各种附着系数不同的路面上起步和行驶时，都具有较好的稳定性和操作性；对于越野汽车，则可大大提高其越野通过性。

四、驱动防滑转系统（ASR）基本组成和工作原理

1. ASR 的基本组成

ASR 由传感器和开关、ECU、执行器组成。典型 ASR 的组成如图 3-2-6 所示，传感器包括轮速传感器（与 ABS 共用），主、副节气门位置传感器，开关有 ASR 选择开关；ABS/ASR 的 ECU 是两个系统共用的 ECU；执行器包括 ASR 制动压力调节器、副节气门驱动步进电动机、ASR 工作指示灯、ASR 关闭指示灯。

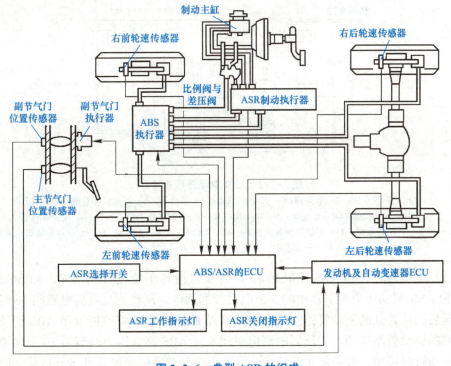

图 3-2-6　典型 ASR 的组成

2. ASR 的工作原理

在正常制动中（ASR 未启动），当施加制动力时，ASR 制动执行器中的所有电磁阀（制动主缸切断电磁阀、蓄能器切断电磁阀、储液室切断电磁阀）都关断。在此状态下，当 ASR 制动踏板被踩下时，制动主缸内产生的液压经制动主缸切断电磁阀和 ABS 执行器的三位置电磁阀作用在盘式制动轮缸上；松开制动踏板时，制动液从盘式制动轮缸流回制动主缸。

（1）对发动机输出转矩进行控制。对发动机输出转矩进行控制常用的方法是减小发动机进气量。通常在主节气门前方设置一个副节气门，ABS/ASR 的 ECU 控制副节气门驱动步进电动机，使副节气门关小，减小发动机的进气量，降低发动机的输出转矩。当 ASR 不起作用时，ABS/ASR 的 ECU 使副节气门完全打开，不影响发动机的正常工作。

（2）对滑转车轮进行制动控制。当 ABS/ASR 的 ECU 判定需要对滑转车轮进行制动时，ABS/ASR 的 ECU 将控制 ASR 制动压力调节器使高压制动液进入滑转车轮的制动轮缸对车轮进行制动。图 3-2-7 所示为 ASR 制动液压系统。

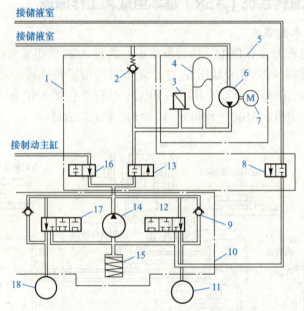

图 3-2-7　ASR 制动液压系统

1—ASR 电磁阀总成；2—单向阀；3—压力传感器；4—蓄能器；5—制动供能总成；6—液压泵；
7—电动机；8—储液器隔离电磁阀；9—单向阀；10—ABS 制动压力调节器；11—右后驱动车轮；
12—ABS 右后轮电磁阀；13—蓄能器隔离电磁阀；14—回油泵；15—储液器；16—制动主缸隔离电磁阀；
17—ABS 左后轮电磁阀；18—左后驱动车轮

（3）增压过程。当 ABS/ASR 的 ECU 需要对滑转车轮进行制动时，ABS/ASR 的 ECU 使 ASR 制动压力调节器中的 3 个电磁阀都通电，制动主缸隔离电磁阀 16 将制动主缸至后制动轮缸的制动管路封闭，蓄能器隔离电磁阀 13 将蓄能器至 ABS 制动压力调节器的制动管路接通，储液器隔离电磁阀 8 将 ABS 制动压力调节器 10 至储液器之间的制动管路接通。蓄能器 4 中具有一定压力的制动液就会经过处于开启状态的蓄能器隔离电磁阀 13，然后经 ABS 制动压力调节器的两个三位三通电磁阀 12 和 17 进入两个后轮制动轮缸对后驱动轮进行制动，并且随着电磁阀通电时间的延长，制动轮缸内的压力逐渐增大。

（4）保压过程。当 ABS/ASR 的 ECU 判定需要保持两驱动车轮的制动压力时，ABS/ASR 的 ECU 就使 ABS 制动压力调节器中的两个电磁阀 12 和 17 通以小电流，两电磁阀都处于中间位置，将两后制动轮缸的进、出液管路都封闭，两后制动轮缸的制动压力就保持不变。

（5）减压过程。当 ABS/ASR 的 ECU 判定需要减小两驱动车轮的制动压力时，就使两个电磁阀 12 和 17 通以大电流，电磁阀将两后制动轮缸的进液管路封闭，而将两后制动轮缸的出液管路连通，两后制动轮缸中的制动液经电磁阀 12 和 17、储液器隔离电磁阀 8 流回制动主缸储液室，两后制动轮缸的制动压力减小。

当 ABS/ASR 的 ECU 判定 ASR 不需要起作用时，ABS/ASR 的 ECU 使各电磁阀均不通电（图 3-2-7 所示状态），后制动轮缸中的制动液经电磁阀 12 和 17、制动主缸隔离电磁阀 16 流回制动主缸，驱动车轮的制动完全解除。

五、驱动防滑转系统（ASR）主要部件的结构和功能

1. ASR 的传感器

ASR 的传感器主要是指车轮转速传感器和副节气门位置传感器。

车轮转速传感器与 ABS 系统共用。

副节气门位置传感器结构如图 3-2-8 所示。它安装在副节气门轴的一端，其功能是将副节气门开启角度转变成电压信号，并通过发动机与电控自动变速器的电子控制单元将这些信号送给 ABS/ASR 电子控制单元。

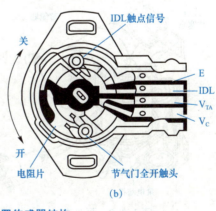

图 3-2-8　副节气门位置传感器结构
（a）安装位置；（b）内部结构

ASR 选择开关是 ASR 专用的信号输入装置，将 ASR 选择开关关闭，ASR 就不起作用。例如，在需要将汽车驱动车轮悬空转动来检查汽车传动系统或其他系统故障时，ASR 系统就可能对驱动车轮施加制动，影响故障的检查。这时，关闭 ASR 开关，使 ASR 退出工作，就可避免这种影响。

2. ASR 的控制单元 ECU

ASR 与 ABS 的一些信号输入和处理都是相同的。为减小电子元器件应用的数量，使结构更加紧凑，ASR/TRC 的 ECU 与 ABS 的 ECU 通常组合在一起。控制单元的主要功能是把各车轮转速传感器信号进行比较、分析和判断，再通过精确计算得出驱动车轮的滑转状况，形成相应的指令，控制制动压力调节装置与节气门等机构动作，实现对驱动车轮转速的调整，将滑转率控制在最佳范围内，以达到最优驱动效果。

3. ASR 的执行器

ASR 的执行器包括 ASR 制动压力调节装置和副节气门执行器。

（1）ASR 制动压力调节装置。ASR 制动压力调节装置与 ABS 制动压力调节装置组成制动液压系统，ASR 制动压力调节装置主要包括制动供能装置和 ASR 电磁阀总成。

ASR 液压制动执行器是由一个能产生液压的泵总成和一个能将液压传送给车轮制动分泵并能从该制动分泵中释放液压的制动执行器组成的。左、右后轮制动分泵中的液压由 ABS 执行器根据从 ABS/ASR 电子控制单元传送的信号来分别进行控制。

①泵总成。泵总成是由泵电动机和蓄能器两部分组成的。

泵的主要功能是从制动总泵储液罐中提取制动液，升压后再送回蓄能器。泵总成是一个由电动机驱动的柱塞泵，如图 3-2-9 所示。

蓄能器的功能是存储加压后的制动液，并在 ASR 系统工作过程中向车轮制动分泵提供制动液。蓄能器中还储存高压氮气，当制动液体积发生变化时，它能起缓冲作用。

②制动执行器。制动执行器由蓄能器切断电磁阀、制动主缸切断电磁阀、储液罐切断电磁阀和压力开关或压力传感器四部分组成，如图 3-2-10 所示。

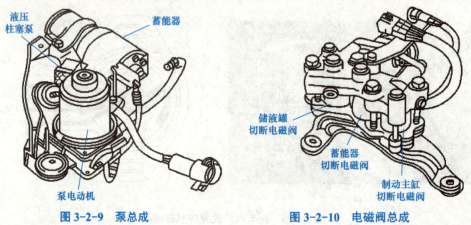

图 3-2-9　泵总成　　　　　　　图 3-2-10　电磁阀总成

a. 蓄能器切断电磁阀的功能是在 ASR 工作过程中将制动液从蓄能器中传送到车轮制动分泵。

b. 制动主缸切断电磁阀的功能是当蓄能器中的制动液传送给车轮制动分泵后，该电磁阀防止制动液流回制动分泵。

c. 储液罐切断电磁阀的功能是在 ASR 工作过程中，该电磁阀能将车轮制动分泵中的制动液传送回制动总泵中。

d. 压力开关或压力传感器的功能是调节蓄能器的压力，并将有关信息传送给ECU，而ECU则依据这些数据来控制泵的运转。

（2）副节气门执行器。副节气门执行器安装在节气门壳体上。它依据从ECU传送来的控制信号驱动副节气门转动，从而控制进入发动机的空气量，达到控制发动机输出功率的目的。副节气门执行器是由永磁体、驱动线圈和旋转轴组成的步进电动机，在旋转轴的末端安装有一个小齿轮（主动齿轮），它能带动安装在副节气门轴一端的凸轮轴齿轮旋转，以此来控制副节气门的开度，其工作情况如图3-2-11所示。

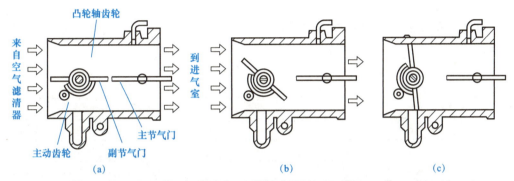

图 3-2-11 ASR 工作时副节气门运转情况
（a）不运转，副节气门全开；（b）半运转，副节气门打开 50%；（c）全运转，副节气门全闭

任务实施

一、实操目标

（1）能够实物认知驱动防滑转系统的组成。

（2）能够实物认知驱动防滑转系统的功能、类别。

二、实施计划

项目	内容
时间安排	45 min
实操车型	带驱动防滑转系统车辆 1 台
设备与工具	举升机 1 台； 手电筒 1 个
注意事项	车辆举升到高位时，在落下保险锁锁止后，方可进入车辆下方

三、实操任务

（1）实操车型的品牌：_____，型号：_____，年款：_____。

（2）打开汽车引擎盖的方式：_____。

（3）对应实车认知驱动防滑转系统零部件的组成，按照顺序记录下来。

_____

_____

_____

_____

_____

_____

（4）读取 ASR 的故障码及各部件的数据流，并记录下来；查找故障部位，排除故障。

_____

_____

_____

_____

_____

_____

_____

心得体会

_____

_____

_____

_____

_____

_____

微课：驱动防滑转系统

任务 3

车身稳定系统的认识

 **任务描述**

车身稳定系统采用电子控制，因此也称为车身电子稳定性控制系统（Electric Stability Program，ESP），因其属于汽车主动安全系统，又称为行驶稳定性控制系统。在任何时候，只要驾驶状况变得紧急，ESP 都能保持车辆稳定，使主动行车安全大为改善。ESP 整合了 ABS 和 ASR 的功能，并大大拓展了其功能范围。ESP 还可降低各种场合下发生侧滑的危险，并能自动采取措施。通过有针对性地单独制动各个车轮，在紧急躲避障碍物或转弯时出现转向不足或转向过度时，使车辆避免偏离理想轨迹。它可使驾驶员操作轻松，汽车容易控制，减少交通事故。通过本任务的学习，掌握 ESP 的结构组成、工作原理。

 **任务目标**

1. 培养创新精神、认真负责的工作态度、严谨的行为规范，培养符合汽车维修行业职业岗位（群）所要求的职业道德与职业素养。
2. 培养学习汽车新知识、新技术的能力，为适应汽车行业职业岗位（群）的要求打下基础，提高走向社会求职的竞争力。
3. 培养学生专业兴趣，增强职业素养。
4. 具有集体荣誉感、团队合作意识和计划组织协调能力。
5. 了解车身稳定系统的理论基础。
6. 掌握车身稳定系统的组成和工作原理。

 **任务准备**

一、车身稳定系统（ESP）的功能

车身稳定系统（ESP）是汽车电子稳定系统的简写，即车身稳定系统。虽然不同的车型往往赋予其不同的名称，如 BMW 称其为 DSC，丰田凌志称其为 VSC，而 VOLVO 汽车称其为 DSTC，但其原理和功能基本相同。ESP 是在防抱死制动系统（ABS）和驱动防滑转系统（ASR）的基础上发展而成的车辆辅助控制系统，它不仅集成了防抱死制动系统（ABS）和驱动防滑转系统（ASR）的基本功能，而且通过高度灵敏的传感器时刻监测车辆的行驶状态，并通过计算分析，短时间内迅速判定车辆行驶方向是否偏离驾驶员的操作意图，识别出危险情况，并提前做出可行的干预措施使车辆恢复到稳定行驶状态，因此是一种更加智能的主动安全系统。例如，高速行驶的车辆遇到前方突然出现的障碍物，很可能会进入不稳定的行驶状态。以致出现偏离预定行驶路线或翻转趋势等危险。ESP 系统通过智能化的电子控制方案，让汽车传动或制动系统产生所期望的准确响应，从而及时、恰当地消除这些不稳定行驶趋势，使汽车保持在所期望的行驶路线上。

车辆在快速转弯或路面湿滑时容易出现转向不足的现象。车速越快，车辆转向时的离心力越大，其离心力与驱动力的合力接近或大于附着力时，前轮就会打滑而失去对前轮转向的控制。湿滑路面本来附着力就很小，此时即使车速很低，在转向时也有可能由于前轮打滑而出现转向不足的现象，如图 3-3-1 所示。

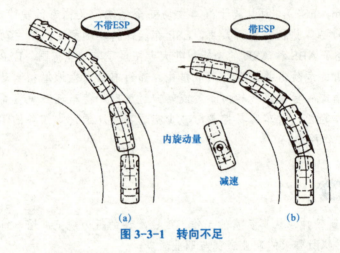

图 3-3-1 转向不足

快速行驶的汽车在转弯制动或猛加速时还容易出现转向过度的现象。如果转弯时产生的离心力大于附着力，就会导致转向过度的发生。当车辆出现失控时，车身稳定控制系统能够提供更多的稳定性控制。ESP 能够同时精确测量四个车轮的制动力。这样，在车辆不按转向意图行驶时，车辆可以被"拉"回到正确的行驶轨迹上，如图 3-3-2 所示。

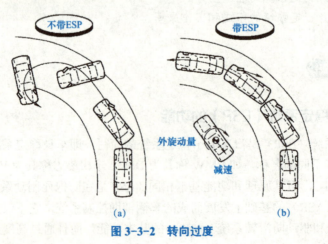

图 3-3-2 转向过度

带 ESP 与不带 ESP 的轿车在地面附着力不同的路面行驶会有很大差异，ESP 能够自动矫正汽车的转向不足和转向过度。

二、车身稳定系统（ESP）的类型及特点

1. ESP 的类型

ESP 能自动地向一个或多个车轮施加制动力，在某些情况下可进行 150 次 /s 的制动，以确保汽车行驶在选定的车道内。

当前 ESP 有以下三种类型：

（1）四通道或四轮系统。四通道或四轮系统能自动地向四个车轮独立施加制动力。

（2）二通道系统。二通道系统只能对两个前轮独立施加制动力。

（3）三通道系统。三通道系统对两个前轮独立施加制动力，对后轮一同施加制动力。

2. ESP 的特点

ESP 是一项综合控制技术，整合了多项电子制动技术，通过对制动系统、发动机管理系统和自动变速器施加控制来防止车辆滑移。装备 ESP 则同时具有 ABS、EDS、ASR 功能。当 ESP 出现故障而不能正常工作时，ABS 和 ASR 能照样工作，以保证汽车正常行驶和制动。但 ESP 的功能不是 ABS、EDS 和 ASR 三者功能的简单相加，而是上述三者功能之和的放大。ESP 实现了下述功能。

（1）实时监控。ESP 能够实时监控驾驶员的操控动作、路面反应、汽车运动状态，并不断向发动机和制动系统发出指令。

（2）主动干预。ABS 等安全技术主要是对驾驶员的动作起干预作用，但不能调控发动机。ESP 可以通过主动调控发动机的转速，并调整每个车轮的驱动力和制动力，来修正汽车的转向过度和转向不足。

（3）事先提醒。当驾驶员操作不当或路面异常致使车轮出现滑转时，ESP 会用警报灯警示驾驶员，提示驾驶员不要猛踩加速踏板，控制好转向盘的操作，以确保行车安全。

（4）扩大汽车行驶稳定性的范围，保证极端情况下的行驶稳定性。在汽车的各种行驶状况下，如全制动、部分制动、车轮空转、加速、滑行和负载变化，ESP 仍可保持汽车在既定车道内行驶。驾驶员在恐惧和惊恐时需要特别的转向技巧，ESP 降低了汽车横向滑动的危险。

（5）提高汽车的操控性和行驶稳定性。在各种路况下，通过 ABS、ASR 和控制发动机输出转矩可提高操纵稳定性，还可进一步利用轮胎与路面之间的附着力，缩短制动距离，提高牵引力，改善汽车的操控性和行驶稳定性。

三、车身稳定系统（ESP）的结构组成与工作原理

1. ESP 的结构组成

ESP 包括用于检测汽车状态和驾驶员操作的传感器部分、用于估算汽车侧滑状态和计算恢复到安全状态所需的旋转动量和减速度的 ECU 部分、用于根据计算结果来控制每个车轮制动力和发动机输出功率的执行器部分、用于提示驾驶员汽车失稳的信息部分。

ESP 组成如图 3-3-3 所示。因为是在原有的防抱死制动系统（ABS）和驱动防滑

转系统（ASR）的基础上发展起来的，因此，ESP 的大部分控制部件都可与 ABS 和 ASR 共用。为了实现防止车轮侧滑功能，ESP 的传感器部分需要在 ABS 和 ASR 的基础上，增设用于检测汽车状态的横摆率传感器、转向盘转角（转向角）传感器、侧向加速度传感器，以及检测制动主缸（总泵）压力的制动压力传感器。电子控制单元（ECU）需要增强运算能力，增加相应的信号处理电路、驱动放大电路和软件程序等。ESP 电子控制单元一般与 ABS、ASR 的电子控制单元组合为一体，成为 ABS/ASR/ESP 电子控制单元。执行器部分既可像 ABS 或 ASR 那样单独设置压力调节器和发动机输出功率调节器（副节气门），也可对液压通道进行适当改进，直接利用 ABS 和 ASR 已有的调节装置对制动力和发动机输出转矩进行调节。此外，还需要设置 ESP 故障指示灯、ESP 蜂鸣器等指示报警装置。

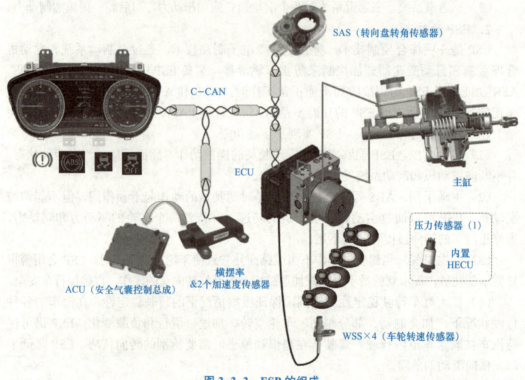

图 3-3-3　ESP 的组成

（1）电子控制单元（ECU）。ECU 是 ESP 的控制核心，与液压调节器集成为一个总成。电子控制单元持续监测并判断的输入信号有蓄电池电压、车轮转速、方向盘转角、横摆率、点火开关、停车灯开关等信号，对输入的信号进行分析判断处理。为确保其可靠性，采用冗余控制，用两个相同的处理器同时处理信号，并相互比较监控，向液压调节器等执行机构发出指令。接通点火开关后，系统进入自检，连续监控所有电气连接，并周期性检查电磁阀的功能。若 ECU 出现故障，则退出工作，进入失效保护状态，但常规制动系统仍可正常工作。

（2）转向盘转角传感器。转向盘转角传感器位于方向盘下面，一般与安全气囊的线圈做在一起，用来探测驾驶员欲操控汽车的方向。原则上，各种角度传感器都可以用于检测转向盘转角，但常用的角度传感器测量范围不超过 360°，而轿车转向盘的转角范围为 ±720°，总的转动量为 4 圈。

（3）车轮转速传感器。车轮转速传感器多为电磁式传感器，安装于 4 个车轮的轮毂上，ESP 与 ABS/ASR 共用车轮转速传感器，获得车轮转速信号。如无此信号，ABS、ASR、ESP 则均退出工作并点亮警报灯。

（4）纵向和侧向加速度传感器。ESP 中的加速度传感器有沿汽车前进方向的纵向加速度传感器和垂直于前进方向的侧向加速度传感器。其基本原理相同，只是呈 90° 夹角安装在汽车质心附近地板下方的中间位置，用来测量汽车纵向和侧向的加速度，判定汽车的运动状态。如无此信号，ESP 电子控制单元就无法获得汽车实际运动状态，系统就退出工作并点亮警报灯。

（5）横摆率传感器。横摆率传感器用来检测汽车绕垂直轴线摆动的角度值（侧滑量），即车辆后部因侧滑引起的甩尾。其安装于汽车行李箱的前部，与汽车的垂直旋转轴线一致。横摆率的大小反映汽车的稳定程度，如果横摆率达到一个阈值，说明汽车处于发生侧滑或甩尾的危险情况，则触发 ESP 控制。横摆率传感器如图 3-3-4 所示，多为霍尔式传感器，灵敏度极高。当车没有横摆时（侧滑），霍尔电压为常数；当车绕垂直方向轴线偏转时，永久磁铁左右运动，引起霍尔电压变化。电压值与横摆率的大小呈线性关系。若无此信号，计算机无法了解汽车是否发生横向摆动，ESP 系统则退出工作并点亮警报灯。

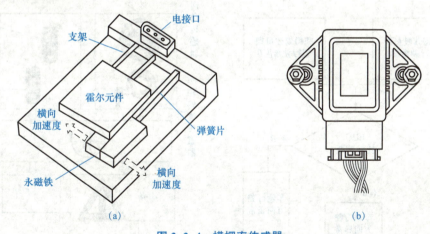

图 3-3-4　横摆率传感器
（a）横摆率传感器内部结构；（b）横摆率传感器外形

（6）制动压力传感器。制动压力传感器多为压电元件，安装于制动管路上，用来检测操控时制动油压的高低。ECU 据此计算出制动力的大小，以便推算出克服侧向力的操控值，对汽车不正常行驶进行调节。如无此信号，ESP 则不工作并点亮警报灯。

此外，还有制动开关信号传感器和 ESP 开关信号传感器。

2. ESP 的工作原理

ESP 的工作原理是利用汽车上的制动系统使汽车实现正确转向。在允许的物理极限范围内，ESP 通过控制车轮制动器工作，使汽车在各种行驶状况下都能在车道内保持稳定行驶。

当汽车处在非常极端的操控状态，如高速躲闪障碍物的情况下，ESP 会在极短的时间内收集包括 ABS、ASR 等系统的庞大数据，并接收转向盘转向角度、车速、横向加速度及车身状态，再与电子控制单元（ECU）中存储的目标值相比较，控制 ABS、ASR 等有关系统做出适当应变动作，从而使汽车按照驾驶员的意愿方向行驶。这时，即使驾驶员不断改变行驶路径，ECU 也能持续运算，并通过对个别车轮增加或降低制动力的方式维持车身动态平衡。ESP 根据转向角度、速度、侧向力和车轮转速差异等信号来判断汽车失去控制的时刻。无论驾驶员如何操作，ESP 均可通过对单个车轮施加制动力和控制发动机的输出功率，来保持车辆的稳定性。

汽车的不平稳行驶状态源于两个方面：一方面是路面附着力变化异常；另一方面是操控不当。相应地产生两种不平稳现象：一是实际转向不足或转向过度；二是出现侧滑。

（1）ESP 抑制车辆转向不足或转向过度。ESP 抑制车辆转向不足或转向过度的工作原理如图 3-3-5 所示。

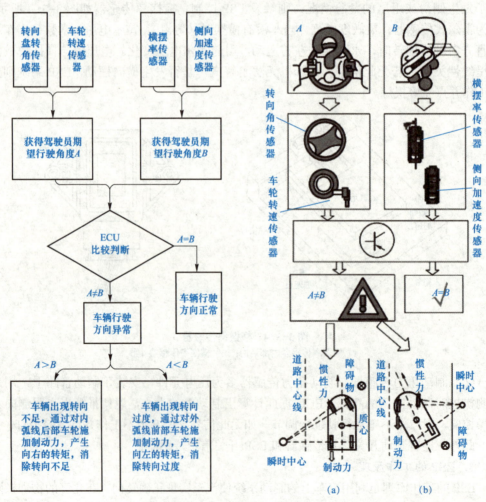

图 3-3-5 ESP 抑制转向不足或转向过度的工作原理
(a) 抑制转向不足；(b) 抑制转向过度

当在高速行驶的汽车前方出现障碍物时，驾驶员将向左急转向，以期绕过障碍物。但在惯性作用下，车身行驶的方向保持正前方，与转向轮行驶的方向不一致，出现转向不足现象。

当 ESP 判断出现转向不足时，将制动左侧后轮，产生向左的转矩，使车辆进一步沿驾驶员转弯方向偏转，消除转向不足现象，从而稳定车辆，如图 3-3-5（a）所示。当汽车向左急转向绕过障碍物后，需要急速向右转向恢复直线行驶，ESP 立即制动右前轮，恢复直行状态。惯性力较大时，将会使汽车转向过度，严重时会造成向左甩尾现象，ESP 会立即制动左前轮，产生向左的转矩，消除转向过度，使汽车平稳地回到直线行驶状态，抑制转向过度，如图 3-3-5（b）所示。

（2）ESP 抑制车辆侧滑。当汽车在弯道上或湿滑的路面上高速行驶时，由于地面的原因，附着力变化无常，后轮会产生侧滑，使汽车横向甩尾。ESP 会立即把制动力施加到转弯的外前轮上，使汽车产生相反的稳定力矩，恢复直线行驶，如图 3-3-6（a）所示。同理，前轮也会产生侧滑，使汽车横向漂出。ESP 会立即把制动力施加到两个非驱动的后轮上，使汽车产生相反的稳定力矩，恢复直线行驶，如图 3-3-6（b）所示。

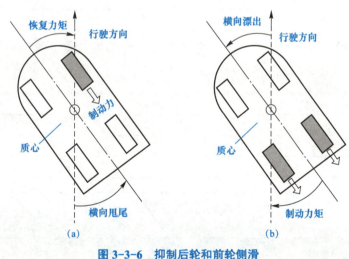

图 3-3-6　抑制后轮和前轮侧滑
（a）抑制后轮侧滑；（b）抑制前轮侧滑

 **任务实施**

一、实操目标
（1）能够实物认知车身稳定系统的组成。
（2）能够实物认知车身稳定系统的功能、类别。

二、实施计划

项目	内容
时间安排	45 min
实操车型	带车身稳定系统车辆 1 台
设备与工具	举升机 1 台； 手电筒 1 个
注意事项	车辆举升到高位时，在落下保险锁锁止后，方可进入车辆下方

三、实操任务

（1）实操车型的品牌：_____，型号：_____，年款：_____。

（2）打开汽车引擎盖的方式：_____。

（3）对应实车认知查找车身稳定系统零部件的组成，按照顺序记录下来。

_____

_____

_____

_____

（4）读取 ESP 的故障码及各部件的数据流，并记录下来；查找故障部位，排除故障。

_____

_____

_____

_____

_____

心得体会

_____

_____

_____

_____

微课：车身稳定系统

任务 4

电控电动转向助力系统的认识

 任务描述

随着汽车微电子技术的发展，以及汽车节能性和环保性要求的不断提高，液压转向助力系统存在的耗能、对环境可能造成的污染等固有不足已经越来越明显，不能完全满足时代发展的要求。电控电动转向助力系统（EPS）将电力电子技术和高性能的电机控制技术应用于汽车转向系统，能显著改善汽车的动态性能和静态性能，提高行驶中驾驶员的舒适性和安全性，减少环境污染，且安装简单（特别是发动机后置和中置的车辆，可节省装配时间）。通过本任务的学习，掌握电控电动转向助力系统的优点、分类、组成、工作原理。

 任务目标

1. 培养创新精神、认真负责的工作态度、严谨的行为规范，培养符合汽车维修行业职业岗位（群）所要求的职业道德与职业素养。

2. 培养学习汽车新知识、新技术的能力，为适应汽车行业职业岗位（群）的要求打下基础，提高走向社会求职的竞争力。

3. 培养专业兴趣，增强职业素养。

4. 具有集体荣誉感、团队合作意识和计划组织协调的能力。

5. 了解电控电动转向助力系统的作用、分类。

6. 能正确描述常见电控电动转向助力系统的组成及基本原理。

 任务准备

电控电动转向助力系统（EPS）是电子技术在汽车上的推广利用，也是中、小型乘用车动力转向技术的发展方向。该系统的 ECU 可根据转矩传感器的转矩及方向信号和车速信号，调节电动机的转向助力转矩，替代液压助力系统。EPS 无复杂的液压助力系统及其对应的所有故障，并可使系统总重减轻 25%，从而降低油耗和维修费用，因此 EPS 将会逐渐取代液压转向助力系统，进一步发展将可能实现自动泊车和自动驾驶功能。

一、电控电动转向助力系统（EPS）的优点

（1）液压转向助力系统的油泵，不转向时也会工作，加大了能量消耗。而 EPS 只

在转向时电动机才提供助力，因而能减少能量消耗，并能在各种行驶工况下提供最佳的转向助力。

（2）EPS可减少路面不平所引起的对转向系统的干扰，改善汽车的转向性能，减轻汽车低速行驶时的转向操纵力，提高汽车高速行驶时的转向稳定性，进而提高汽车的主动安全性。

（3）由于EPS不需要加注液压油和安装液压油管，因此，该系统安装简便、自由度大、成本低、无漏油故障的发生，而且它比常规的液压转向助力系统具有更好的通用性。

二、电控电动转向助力系统（EPS）的类型与组成

1. EPS 的类型

根据电动转向助力单元在EPS中的安装位置，EPS可分为转向柱型、小齿轮型、直接驱动型，如图3-4-1所示。

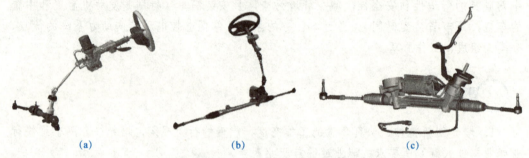

（a）　　　　　　　　　　（b）　　　　　　　　　　（c）

图 3-4-1　电控电动转向助力系统的类型
（a）转向柱型；（b）小齿轮型；（c）直接驱动型

（1）转向柱型EPS。其动力辅助单元、控制器、力矩传感器等要安装在转向柱上，系统结构紧凑，在固定式转向柱或倾斜式转向柱及其他形式的转向柱上都能安装。这种结构适用于中型车辆。

（2）小齿轮型EPS。其动力辅助单元安装在转向机构的小齿轮轴上。由于动力辅助单元在车厢外面，即使辅助力矩很大增加也不会增加车厢内的噪声。如果再将它与可变速比的转向器结合在一起，该系统的操纵特性将会非常好。

（3）直接驱动型EPS。转向齿条与动力辅助单元形成一个部件。该系统很紧凑，而且容易将它布置在发动机舱内。由于直接对齿条通过助力，摩擦与惯性都很小，因此，驾驶员转动方向盘的感觉很轻松。

2. EPS 组成

电控电动转向助力系统（EPS）由安装在转向器输入端的转矩传感器、电磁离合器、电动机及变速器（减速机构）、计算机EPS/ECU等元件组成，如图3-4-2所示。

（1）转矩传感器。转矩传感器的作用是检测作用在转向盘上的转矩大小和方向，把不同的电压信号传送给计算机EPS/ECU。其大多采用光电式或磁电式两种结构。

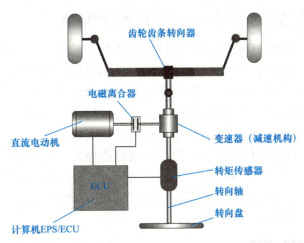

图 3-4-2　电控电动转向助力系统 EPS 的组成

（2）电磁离合器。电磁离合器的作用是当 EPS 发生故障时，离合器分离，转向助力变为普通手动转向。有的车种无电磁离合器（如本田飞度），失效保护控制在 EPS/ECU 中，停止对电动机供电，转为手控转向。

（3）直流电动机及减速机构。直流电动机的特点是转矩大，调速范围宽，改变驱动电流的大小，即可使其转速突变，在适当的时候提供转向助力转矩。电动机分直流有刷永磁电动机和直流无刷永磁电动机。前者可靠性差，但控制程序简单；后者可靠性高，但其控制程序复杂。

减速机构起减速、增扭作用，通常为蜗轮蜗杆式或行星齿轮式，如图 3-4-3 所示。

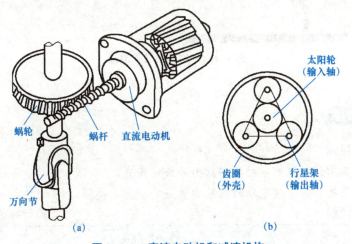

图 3-4-3　直流电动机和减速机构
（a）蜗轮蜗杆式；（b）行星齿轮式

（4）计算机 EPS/ECU。电动转向助力系统的控制单元接受转矩传感器的信号、车速传感器信号 VSS、发动机转速信号 SP，经过分析编程处理，输出不同的电流。通过助力电动机，随时根据驾驶员的操作，提供渐进随动转向助力动作。即不转—不助；小转—小助；大转—大助；车速低，助力大（轻便）；车速高，助力小（有手感，防止发飘）。

三、电控电动转向助力系统（EPS）的工作原理

电子助力转向控制模块接收方向、转矩传感器、车速、发动机转速等信号来执行系统功能。汽车不转向时，电子助力转向电机不工作；当驾驶员操纵转向盘转向时，电子助力转向模块根据方向、转矩传感器、发动机转速和车速信号，并结合所检测到的助力转向电机的电流反馈信号，进行运算处理，确定助力转向电机电流的大小和方向。该电流为所需的助力转矩，通过减速机构减速增矩后，加在转向输出轴上使之得到一个与汽车行驶工况相适应的转向作用力。在低速情况下，提供较大的助力以便在驻车操作中进行转向。在高速情况下，提供较小的助力以便提高路感和方向稳定性。ECU 在检测到异常信号时，立即进入故障模式，同时点亮故障指示灯。EPS 的工作原理如图 3-4-4 所示。

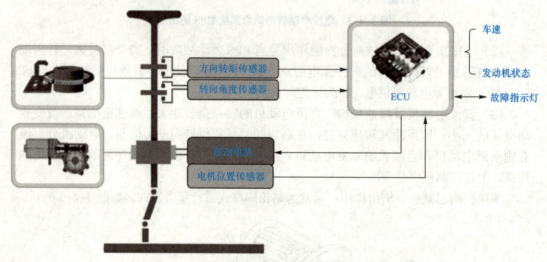

图 3-4-4　EPS 的工作原理

 **任务实施**

一、实操目标
（1）能够实物认知电控电动转向助力系统的组成。
（2）能够实物认知电控电动转向助力系统的功能、类别。

二、实施计划

项目	内容
时间安排	45 min
实操车型	带电控电动转向助力系统车辆 1 台
设备与工具	举升机 1 台； 手电筒 1 个
注意事项	车辆举升到高位时，在落下保险锁锁止后，方可进入车辆下方

三、实操任务

（1）实操车型的品牌：_____，型号：_____，年款：_____。

（2）认知电控电动转向助力系统的类型：_____。

（3）车辆电源在非 READAY 状态下，转动方向盘，转向力助力【□较大；□较小】，车轮【□是；□否】能转向；车辆电源在 READAY 状态下，转动方向盘，转向力助力【□较大；□较小】，车轮【□是；□否】能转向。

（4）车辆电源在 READAY 状态下将方向盘处于正中的状态下，开始向左打转向，方向盘的最大转角约为_____；回到正中位置，向右打转向，方向盘的最大转角约为_____。

（5）对应实车认知电控电动转向助力系统零部件的组成，按照顺序记录下来。

_____
_____
_____
_____
_____
_____
_____
_____
_____
_____

心得体会

_____
_____
_____
_____
_____
_____

微课：电控电动转向助力系统

实操：电控动力转向系统

任务 5

电控悬架系统的认识

任务描述

　　人们往往希望乘坐的汽车既有如弹簧般的乘坐舒适性，又有很高的操纵稳定性。传统的悬架设计已难以同时满足乘坐舒适性和操纵稳定性的高要求，而随着电子技术的发展，操控的精确性和实时性使悬架在各种境况下都能达到乘坐舒适性和操纵稳定性的最佳组合。目前，大多数汽车采用了电控悬架系统。通过本任务的学习，掌握电控悬架系统的结构及控制原理。

任务目标

　　1．培养创新精神、认真负责的工作态度、严谨的行为规范，培养符合汽车维修行业职业岗位（群）所要求的职业道德与职业素养。

　　2．培养学习汽车新知识、新技术的能力，为适应汽车行业职业岗位（群）的要求打下基础，提高走向社会求职的竞争力。

　　3．培养学生专业兴趣，增强职业素养。

　　4．具有集体荣誉感、团队合作意识和计划组织协调能力。

　　5．掌握电控悬架系统的分类、作用、结构。

　　6．熟悉电控悬架系统的工作原理。

任务准备

　　悬架是汽车的车架与车桥或车轮之间的一切传力连接装置的总称。其作用是传递作用在车轮和车架之间的力和力矩，并且缓冲由不平路面传给车架或车身的冲击力，并衰减由此引起的振动，以保证汽车能平顺地行驶。

　　汽车悬架分为主动悬架和被动悬架两种类型。传统悬架属于被动悬架，被动悬架由缓和车身振动的弹簧、衰减振动的减振器、增加侧倾刚度的横向稳定杆和起导向承载力作用的导向杆系统组成。传统悬架的弹簧硬度和减振器阻力在使用中不能根据使用工况和路面输入的变化来进行调整，难以满足对汽车平顺性、舒适性和操纵稳定性的更高要求。因此，越来越多的汽车已经采用主动悬架，即电控悬架系统。

　　电控悬架系统是在普通悬架的基础上发展起来的，其以计算机为控制核心，对汽车悬架系统参数，包括弹簧刚度、悬架阻尼力、侧倾刚度和车身高度等实行实时控制。半主动悬架对被动悬架其他部分改动较小，只是用可控弹簧和减振器替换了原来不可控的弹簧和减振器，并增加了控制器。而主动悬架对悬架系统的刚度、减振器的阻尼力和车身高度等参数都可以进行调整。

一、电控悬架系统的功用

电控悬架与传统悬架的不同之处在于，电控悬架不仅能够被动地吸收能量、缓和冲击，还可以根据汽车负载、道路条件变化、汽车行驶状态改变悬架减振器的阻尼力来保证人们对于汽车平顺性、舒适性和操纵稳定性的更高要求。

1. 调节车身高度

电控悬架汽车能够根据车内乘员或车辆质量情况调整汽车车身高度，使其保持某一恒定的高度值，从而使前照灯照射方向保持不变。当汽车在路面状况糟糕的道路上行驶时，会自动升高车身高度，防止底盘剐蹭；当汽车高速行驶时，会自动降低车身高度，以减小空气阻力，同时提高行驶的稳定性。

2. 调整减振器阻尼力

电控悬架汽车能够根据负载、道路状况、行驶状态等参数来对减振器阻尼系数进行调整，防止汽车急速起步或急加速时车尾下蹲，防止紧急制动时车头下沉，防止汽车急转弯时车身横向摇动，防止汽车换挡时车身纵向摇动等，以提高行驶平顺性和操纵稳定性。

3. 控制弹簧刚度

电控悬架汽车同样能够在负载、道路状况、行驶状态等参数发生变化时，通过对弹簧刚度的调整，来改善汽车的乘坐舒适性与操纵稳定性。

二、电控悬架系统的分类

电控悬架系统根据传力介质的不同可以分为气压式和油压式，根据控制理论的不同可以分为半主动式和主动式。半主动式一般只能实现减振器阻尼力的调节功能和横向稳定器侧倾刚度的调节；主动式能够根据工况的不同，对电控悬架系统的刚度、减振器阻尼力和车身高度等参数进行调整。半主动式根据是否连续可调分为有级半主动式和无级半主动式；主动式按照驱动机构和介质的不同，可分为油气主动式和空气主动式。目前，汽车上大多采用主动悬架中的空气主动式悬架（图3-5-1）。

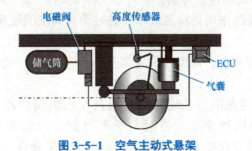

图3-5-1 空气主动式悬架

三、电控悬架系统的组成

电控悬架系统由各种传感器、开关、电子控制单元及执行机构组成（图 3-5-2）。以空气主动式悬架为例，其包括空气压缩机、电子控制单元（即悬架电脑）、车身高度传感器、车身加速度传感器、储气桶、空气弹簧减振器及控制用的电磁阀组等部件。

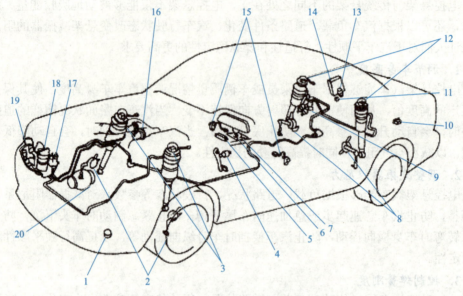

图 3-5-2　电控悬架系统组成

1—1 号高度控制继电器；2—前车身高度传感器；3—前悬架控制执行器；4—制动灯开关；5—转向传感器；6—高度控制开关；7—LRC 开关；8—后车身高度传感器；9—2 号高度控制阀和溢流阀；10—高度控制 ON/OFF 开关；11—高度控制连接器；12—后悬架控制执行器；13—2 号高度控制继电器；14—悬架 ECU；15—门控灯开关；16—主节气门位置传感器；17—1 号高度控制阀；18—高度控制压缩机；19—干燥器和排气阀；20—IC 调节器

四、电控悬架系统的主要部件及工作原理

1. 电控悬架系统的主要部件

电控悬架系统由传感器、电子控制单元（ECU）和执行器三部分组成。

（1）传感器。电控悬架系统的传感器主要包括车身高度传感器、加速度传感器、转向盘转角传感器、节气门位置传感器等。

①车身高度传感器的作用是检测汽车行驶时车身高度的变化情况（车身相对于车桥的位移量即悬架位移量），并转换成电信号输入悬架系统的电子控制单元，可反映汽车的平顺性和车身高度信息。常用的车身高度传感器有片簧开关式、霍尔式、光电式和电位计式四种形式。

②加速度传感器的作用是准确地测量出汽车的纵向加速度，以及汽车转向时因离心力而产生的横向加速度，进而判断车身侧向力的大小，并将信号输送给 ECU，使 ECU 能够调节悬架系统的阻尼力大小及悬架弹性元件刚度的大小，以维

持车身的最佳姿势。

③转向盘转角传感器位于转向盘下面，主要用来检测转向盘的中间位置、转动方向、转动角度和转动速度等，并把信号输送给悬架 ECU，ECU 根据该信号和车速信号判断汽车转向时侧向力的大小和方向，从而控制车身的侧倾。现代汽车大多采用光电式转向盘转角传感器。

④节气门位置传感器安装在节气门体上，用来检测节气门的开度及开度变化，为悬架 ECU 提供相应的信号，以便根据车辆状态进行悬架控制。

（2）电子控制单元。电控悬架系统的电子控制单元（ECU）能够提供稳压电源、放大传感器信号、计算输入信号、驱动执行机构、检测故障等。

（3）执行器。空气悬架系统主要的执行器包括空气压缩机、调压器、电动机、干燥器、排气阀、高度控制电磁阀和空气悬架等。

2. 电控悬架系统的工作原理

电控悬架系统是以电控单元为控制核心，根据车身高度、转向盘转角、车速和制动等信号，经过运算分析后，输出控制信号，控制各种电磁阀和步进电动机，对汽车悬架参数，如弹簧刚度、减振器阻尼系数、倾斜刚度和车身高度进行控制，从而提高汽车的乘坐舒适性和操纵稳定性。空气悬架刚度的调节是通过悬架刚度调节执行机构改变主、副气室之间气体通道的大小，从而改变主、副气室之间的气体流量，使悬架刚度发生变化。

 任务实施

一、实操目标

（1）能够实物认知电控悬架系统的组成。
（2）能够实物认知电控悬架系统的功能、类别。

二、实施计划

项目	内容
时间安排	45 min
实操车型	带电控悬架系统车辆 1 台
设备与工具	举升机 1 台； 手电筒 1 个
注意事项	车辆举升到高位时，在落下保险锁锁止后，方可进入车辆下方

实操任务

（1）实操车型的品牌：_____，型号：_____，年款：_____。

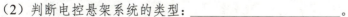

（2）判断电控悬架系统的类型：_____。

（3）对应实车认知电控悬架系统零部件的组成，按照顺序记录下来。

_____

_____

_____

_____

_____

_____

_____

（4）读取电控悬架系统的故障码及各部件的数据流，并记录下来；查找故障部位，排除故障。

_____

_____

_____

_____

_____

_____

_____

_____

心得体会

_____

_____

_____

_____

_____

_____

_____

微课：电控悬架系统

任务 6

胎压监测系统的认识

 **任务描述**

　　轮胎对于汽车，特别是对于行驶中的汽车，在安全性方面起着非常重要的作用。它是汽车与地面的接触部分，影响着汽车的驱动力和制动力。为确保轮胎的安全性，必须满足轮胎安全所要求的性能，正确掌握轮胎的使用方法。轮胎的最大负载取决于轮胎气压，必须在规定范围内使用。如果超负载使用，则会导致轮胎早期破损。轮胎气压对轮胎的负载耐久性有很大的影响，必须确保车辆所规定的轮胎充气压力。如果轮胎气压过低，不仅使最大负载能力降低，而且使轮胎的其他安全性降低，并且加快轮胎磨损，造成严重的事故。通过本任务的学习，掌握汽车胎压监测系统的作用、分类、组成及工作原理。

任务目标

　　1. 培养创新精神、认真负责的工作态度、严谨的行为规范，培养符合汽车维修行业职业岗位（群）所要求的职业道德与职业素养。
　　2. 培养学习汽车新知识、新技术的能力，为适应汽车行业职业岗位（群）的要求打下基础，提高走向社会求职的竞争力。
　　3. 培养专业兴趣，增强职业素养。
　　4. 具有集体荣誉感、团队合作意识和计划组织协调能力。
　　5. 了解胎压监测系统的作用、分类。
　　6. 能正确描述常见胎压监测系统的组成及基本原理。

任务准备

　　胎压监测系统是提高汽车安全性和舒适性方面的一项新技术。在日常生活中，轮胎老化、过度磨损、胎压异常、轮胎外伤等原因造成的爆胎事故屡屡发生。胎压异常易导致"爆胎"的发生。胎压异常是指轮胎气压不足和胎压过高。胎压异常会引起轮胎局部磨损、操控性和舒适性降低、油耗增加等问题。胎压不足时，轮胎侧壁容易弯曲折断而发生爆裂。而胎压过高，会使轮胎的缺陷处（如损伤部位）在高速行驶过程中发生爆裂。据部分统计，轮胎长期处于充气压力不足造成轮胎过早损坏的占85%左右。

胎压监测系统可在车辆静止和行驶时监测轮胎的充气压力。正常的轮胎压力对行驶安全性、轮胎耐用性和降低燃油消耗起着关键作用。

一、胎压监测系统的组成及功用

胎压监测系统一般由 4 个轮胎压力传感器、4 根轮胎压力监测天线、轮胎压力监测控制单元、组合仪表、功能选择开关等元件组成，各元件位置如图 3-6-1 所示。

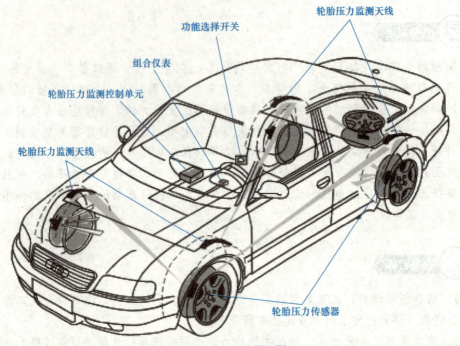

图 3-6-1　各元件位置

胎压监测系统通过连续监测轮胎的气压、温度和车轮转速，能自动地向驾驶员发出警告。每一车轮上都装有压力、温度等传感器，如图 3-6-2 所示，将压力、温度和车速信号输入 ECU。

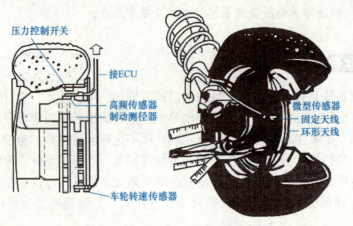

图 3-6-2　具有胎压监测系统的车轮

二、胎压监测系统的工作原理

胎压监测系统对高速行驶汽车的胎压进行连续监测及预报，并记录最后 100 s 的胎压信息，为安全行车及行车管理提供依据。

由图 3-6-3 可知，胎压监测系统由胎压监测模块和中央接收模块两个主要部分组成。胎压监测模块安装在汽车轮胎内，该模块带有传感器和无线发射装置，主要用来监测轮胎内的气压和温度并将监测到的数据通过发射装置发送给接收模块。中央接收模块安装在驾驶室操作盘附近，带有无线接收装置、声光报警模块和液晶显示模块，无线接收装置接收到胎压监测模块发送的数据，将各轮胎的气压和温度显示在液晶显示模块，驾驶员通过液晶显示模块即可掌握各个轮胎的气压和温度状况。当轮胎气压、温度发生异常将要出现危险征兆时，就会通过声光报警模块自动报警，以提醒驾驶员减速慢行或做相应的检查和维修，从而保证行车的安全，以及轮胎保持在正常运行状态。此外，为了系统功能的更新和维护方便，该模块还保留了与上位机的 USART 通信接口。

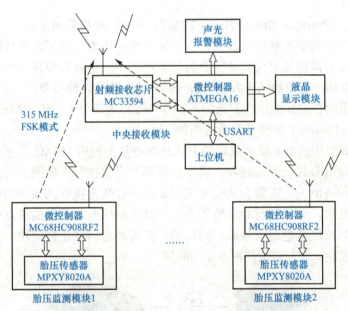

图 3-6-3　胎压监测系统的工作原理

三、胎压监测系统的分类

目前，胎压监测系统主要分为间接式胎压监测系统和直接式胎压监测系统两种类型。

1. 间接式（Wheel-Speed Based TPMS，WSB）胎压监测系统

间接式胎压监测系统（图 3-6-4）通过汽车 ABS 的轮速传感器来比较轮胎之间的转速差别，以达到监测胎压的目的。ABS 通过轮速传感器来确定车轮是否抱死，从而决定是否启动防抱死系统。当轮胎压力降低时，车辆的质量会使轮胎直径变小，这就会导致车速发生变化，这种变化即可用于触发警报系统来向驾驶员发出警告。

项目
3
底盘电控系统

间接式胎压监测系统的主要缺点如下：

（1）不能显示出各轮胎准确的瞬时气压值。

（2）同一车轴或同一侧车轮或所有轮胎气压同时下降时不能报警。

（3）不能同时兼顾车速、检测精度等因素，因此直接式胎压监测系统更有效。

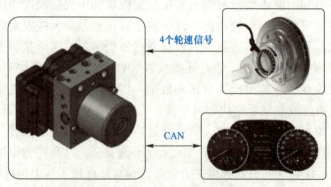

图 3-6-4　间接式胎压监测系统

2. 直接式（Pressure-Sensor Based TPMS，PSB）胎压监测系统

直接式胎压监测系统利用安装在每一个轮胎里的压力传感器来直接测量轮胎的气压，利用无线发射器将压力信息从轮胎内部发送到中央接收器模块上的系统，然后显示各轮胎气压数据。当轮胎气压太低或漏气时，该系统会自动报警。

目前，常用的直接式胎压监测系统（图 3-6-5）又分为主动式（Active）胎压监测系统和被动式（Passive）胎压监测系统两种。

（1）主动式胎压监测系统所采取的方式是在硅基上利用 MEMS 工艺制作电容式压力传感器或压敏电阻式压力传感器，将压力传感器安装在每个轮圈上，通过无线射频的方式将信号传送出去，安装在驾驶室里的无线接收装置接收到该压力敏感信号，经过一定的信号处理，显示当前的轮胎压力。主动式胎压监测系统的优点是技术比较成熟，开发出来的模块可适用于各品牌的轮胎。但其缺点同样比较突出，其感应模块需要电池供电，因此，存在系统使用寿命的问题。

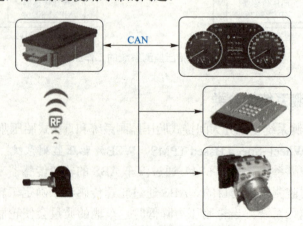

图 3-6-5　直接式胎压监测系统

（2）被动式胎压监测系统的传感器是采用声表面波（SAW）来设计的。这种传感器通过射频电场产生一个声表面波，当这个声表面波通过压电衬底材料的表面时，就会产生变化。通过检测声表面波的这种变化，就可以知道轮胎压力的情况。虽然此技术不用电池供电，但是它需要将转发器整合到轮胎中，需各轮胎制造商建立共通的标准才有可能实施。

胎压监测系统目前还没有统一的标准，各公司都在努力开发具有竞争力的产品，以期在未来的竞争中立于不败之地。具有分辨率高、无源、体积小三个特征的胎压监测系统将是未来的发展趋势。

为提高胎压监测系统的可靠性，传感器最好能进行无源检测。轮胎能否正常工作不仅与气压有关，还与温度、车轮转速及载质量等有关。未来的轮胎气压传感器在测量轮胎气压的同时，还应能测量轮胎内温度和荷载质量。许多研究表明，利用轮胎气压传感器收集到的信息，可对车辆悬挂系统进行故障监测并校正导航系统。因此，未来的轮胎气压传感器应该是集各种功能于一体的无源智能型传感器。

四、典型间接式胎压监测系统

国内大众车系上装配的间接式胎压监测系统如图3-6-6所示。该类型的胎压监测系统是间接测量胎压的一款经济型装备，除增加按钮及线束外，没有硬件方面的变化。该系统通过轮速传感器提供的轮速信号推算轮胎的动态半径。该值取决于很多参数的变化，如车速、荷载、轮胎充气气压，加速、制动，以及侧向力导致的轮胎滑移等。另外，很关键的影响就是轮胎的特性，如轮胎尺寸、侧偏刚度、轮胎结构等参数引起的轮胎动态半径的变化，系统将其视为干扰。该系统必须通过自学习参照上述的参数来推算轮胎压力的变化，同时也必须过滤干扰信号，从而实现准确、及时的胎压监测和报警。间接式胎压监测系统报警示意如图3-6-7所示。

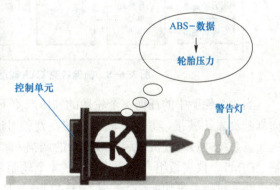

图3-6-6　间接式胎压监测系统　　　　**图3-6-7　间接式胎压监测系统报警示意**

为了使典型间接式胎压监测系统正常工作，必须完成以下操作：

（1）设定理论轮胎气压。用户需事先将四轮胎压调整到额定值，然后通过按车内的重置按钮或仪表中的功能菜单，激活系统自学习来获取理论轮胎气压。

（2）系统自学习。自学习过程最好在平直路面上进行，通过自学习系统获取必要的参考值，然后自动进入胎压监控状态。

（3）胎压报警。自学习完成后，如果某个轮胎气压不足，系统会通过仪表上的警告灯及警示音提醒驾驶员轮胎气压不足。

在轮胎动态半径变化值达到 0.22% 时，胎压监测系统才会识别胎压损失，即胎压降低到初始胎压的 70% ~ 75% 时发出警报（此时胎压损失为 $0.4×10^5 ~ 0.5×10^5$ Pa），系统可能在给定的胎压损失临界值没有报警，此时只要胎压继续降低 $0.2×10^5$ Pa 左右，系统很快就会报警。

一般情况下，车辆行驶 2 ~ 3 km，系统就可以识别胎压损失并报警。胎压损失的识别过程与路面状态、驾驶方式、行驶工况有很大关系。赛车的驾驶方式，频繁地制动、转向、颠簸，松软的路面，都会极大地增加胎压损失识别的时间和里程。另外，胎压损失的识别过程与自学习的状态有很大关系。自学习时间越短，胎压损失识别的时间越长，极限状态下甚至不能识别胎压损失。

五、典型直接式胎压监测系统

以凯迪拉克 CTS 轮胎压力监测系统为例进行介绍。其主要由安装在汽车轮胎内的压力传感器、温度传感器、信号处理单元（MCU）、TX 发射器组成的 TPMS 发射模块、天线及安装在汽车驾驶台上的包括数字信号处理单元（MCU）、RF 接收器、液晶显示器（LCD）等组成，如图 3-6-8 所示。

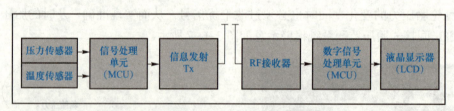

图 3-6-8 凯迪拉克 CTS 轮胎压力监测系统结构

当 4 个轮胎中的任何一个轮胎的气压严重下降时，轮胎压力监测系统（TPMS）会向驾驶员发出警报，并使驾驶员能够在驾驶时通过液晶显示器（LCD）观察各个轮胎气压。系统通过驾驶员侧后窗玻璃中的调幅 / 调频天线格栅、天线模块、仪表板集成模块（DIM）、仪表板组合仪表（IPC）、4 个轮胎总成中的射频发射压力传感器和串行数据电路来执行系统功能。当车速低于 32 km/h 时，传感器进入"静止"模式。在此模式下，传感器通过调幅 / 调频天线格栅每 60 s 向天线模块发射一次信号，以尽可能降低传感器电池电量的消耗。当车速增加到 32 km/h 时，离心力使传感器的内部滚动开关闭合，从而使传感器进入"行驶"模式。在此模式下，传感器每 60 s 向天线模块发射一次信号。

如果胎压监测系统监测到轮胎气压明显下降或轮胎充气过足，则驾驶员信息中心相应的显示灯会闪烁；同时，仪表板组合仪表上的轮胎气压显示过低，警告灯会亮。将轮胎气压调整到标准值可以使组合仪表上的警告灯熄火。天线模块能够检测到胎压监测系统内的任何故障。

若检测到故障就会导致驾驶员信息中心显示"SERVICE TIRE MONITOR"（维修胎压监测系统）警告信息。

1. TPMS 传感器

TPMS 传感器是一个集半导体压力传感器、半导体温度传感器、数字信号处理单元和电源管理器于一体的片式系统模块。为了强化胎压检测功能，有不少 TPMS 传感器模块内还增加了加速度传感器、电压检测芯片、内部时钟、看门狗。这些功能芯片使 TPMS 传感器不仅能实时检测汽车开动中的轮胎压力和胎内温度的变化，还能实现汽车移动中即时开机、自动唤醒、节省电能等功能。其结构如图 3-6-9 所示。

在"静止"模式下，每个传感器每 20 s 进行一次气压测量采样。如果轮胎气压与上次测量值相比增加或减少超过 11 kPa，将立即进行最新测量，以确认气压变化值。如果气压确实发生了变化，传感器会发送一个"重新测量"信号给天线模块。当天线模块在传感器读入模式下收到重新测量的信号时，它会将传感器识别码指定给车上的该位置。

2. 压力 / 温度信号处理与发射

压力 / 温度信号经 TPMS 传感器模块内的电路处理，通过其 SPI 口传输给安装在发射模块内的信号处理单元（MCU），经其综合成数据流进入同一封装内的 RF 发射 IC，按设定的超高频率（UHF）调制发射给安装在驾驶室内的接收器。

3. TPMS 接收器和显示器

TPMS 接收器由 UHFASK/FSK RF 接收 IC 和信号处理 MCU、键盘、LCD 显示器组成。RF 接收 IC 和信号处理 MCU 安装在一个盒子里。LCD 显示器能实时显示每个轮胎的压力、温度和每一个轮胎的 ID 识别码，并能声光报警。

4. TPMS 发射模块

由于凯迪拉克 CTS 轿车的轮胎没有内胎，因此，TPMS 发射模块安装非常方便。凯迪拉克 CTS 轿车的 TPMS 发射模块安装在轮胎气门嘴上，如图 3-6-10 所示。

图 3-6-9　TPMS 传感器的结构

图 3-6-10　TPMS 发射模块

六、外置式胎压监测系统

由于安装内置式胎压监测系统很麻烦，很多原厂车辆都没有安装内置式胎压监测系统。现在市面上有一种外置式胎压监测装置——外置式胎压监测仪。该装置安装很方便，可靠性也很高。

外置式胎压监测仪全套由 4 个传感器与蓝牙接收器组成，并且配备了螺母扳手与防盗螺钉。其安装十分简单，只需按照传感器上标识的位置装上对应轮胎即可。图 3-6-11 所示为外置式胎压监测仪安装示意。图 3-6-12 所示为外置式胎压监测仪胎压接收显示器安装在点烟器上。

图 3-6-11　外置式胎压监测仪安装示意　　图 3-6-12　外置式胎压监测仪胎压接收显示器

 任务实施

一、实操目标
（1）能够实物认知胎压监测系统的组成。
（2）能够实物认知胎压监测系统的功能、类别。

二、实施计划

项目	内容
时间安排	45 min
实操车型	带胎压监测系统车辆 1 台
设备与工具	举升机 1 台； 手电筒 1 个
注意事项	车辆举升到高位时，在落下保险锁锁止后，方可进入车辆下方

三、实操任务
（1）实操车型的品牌：_____，型号：_____，年款：_____。
（2）判断胎压监测系统的类型：_____。

（3）对应实车认知胎压监测系统零部件的组成，按照顺序记录下来。

_____

_____

_____

_____

_____

_____

_____

（4）读取胎压监测系统的故障码及各部件的数据，并记录下来；查找故障部位，排除故障。

_____

_____

_____

_____

_____

_____

_____

心得体会

_____

_____

_____

_____

_____

_____

_____

微课：胎压监测系统

底盘电控系统的认识评价表

评价任务	评价内容	评价标准	评价等级		
			自评	组评	师评
信息收集 （10分）	专业资料 准备 （10分）	1. 能根据任务，熟练查找资料，较全面地获取所需要的专业资料。（8～10分） 2. 熟练查找资料，能部分获取所需要的专业资料。（5～7分） 3. 没有查找到专业资料或资料极少。（0～4分）			
实际操作 （70分）	着装和工器具选用 （15分）	1. 合理着装，合理选取工器具，合理布置工作现场。（12～15分） 2. 未合理着装，未合理选取工器具，合理布置工作现场。（9～11分） 3. 未合理着装，未合理选取工器具，未合理布置工作现场。（0～8分）			
	底盘电控系统的认识 （55分）	1. 能全面认识系统零部件，内容记录完整，内容填写完整。（45～55分） 2. 能部分认识系统零部件，存在2项以内错误，内容记录部分完整。（32～44分） 3. 填写不完整，存在3项以上错误，内容记录不完整。（0～31分）			
基本素质 （20分）	严谨细致 （10分）	1. 能按要求进行细致操作。（8～10分） 2. 能完成操作，但过程中有遗漏步骤。（5～7分） 3. 不能按照要求完成操作。（0～4分）			
	遵章守纪 （10分）	1. 能完全遵守实训管理制度和劳动纪律，无违纪行为。（8～10分） 2. 能遵守实训管理制度，迟到/早退1次。（5～7分） 3. 违反实训管理制度，或旷课1次。（0～4分）			
总成绩		备注　总成绩=自评分×0.2+组评分×0.3+师评分×0.5			

课程素质案例

巩固扩大新能源汽车发展优势

项目 4
车身电器系统

 **情景描述**

据一辆新上路的五菱轿车车主反映，在夜间行车时，他不知如何进行近光灯和远光灯的切换，还有车上的灯光标识他也不理解是什么意思。他需要得到工作人员的帮助。

 **项目概述**

本项目主要讲述汽车电控技术的基础知识，是后续课程中进行相关试验、检测与维修的必备知识。通过学习和掌握车身电器的组成和功能，可明确地了解电控技术在车身电器中的作用。

项目目标

1. 培养自我认知能力、动手实践能力。
2. 培养安全意识。
3. 了解汽车车身电器的总体概况。
4. 掌握车身电器的主要组成部分。
5. 掌握车身电器各组成部分的元器件及工作原理。
6. 能够实车识别各种车身电器。

任务 1

照明电器系统的认知

任务引导

为了方便汽车行驶，保证行车安全，在汽车上都装有多种照明电器设备。人们对汽车照明电器系统的要求是完备、可靠、实用、美观，还要结构合理、经济耐用、保养维修方便。

不同品牌的汽车，其照明电器系统是不完全相同的，但总体要求是能够保证运行安全，符合交通法规，还要美观、实用。那么照明电器系统有哪些？组成是什么？功能是什么？这是本任务需要了解的内容。

任务描述

通过本任务的学习，熟悉车身电器的分类，掌握照明电器系统的功能和组成，为后续的应用场景学习打下坚实的基础。

任务目标

1. 培养自我认知能力、动手实践能力。
2. 培养安全意识。
3. 能描述照明电器系统的组成。
4. 能实车认知照明电器系统的组成。

任务准备

一、车身电器总体认知

为保证汽车在各种条件下安全行驶，提高汽车的行驶速度，在汽车上装有各种照明装置、信号装置、仪表和报警装置等车身电器，其数量的多少和配置形式因车型而异，主要有照明灯、信号灯、报警灯、电子显示装置、发音装置、操纵控制装置等。车身电器可以分为电源、用电设备、中间装置三大部分。车身电器按用途可分为三大类：第一类是照明电器，主要包括小灯、大灯、雾灯；第二类是信号电器，包括转向灯、应急灯、倒车灯、制动灯、日间行车灯、喇叭；第三类是其他车身电器，主要包括电动车窗、电动后视镜、电动门锁、电动天窗、电动遮阳帘。

二、照明电器系统

1. 小灯

（1）功能。小灯用于夜间为其他车辆指示本车的位置与宽度。位于前方的称为示宽灯，位于后方的称为尾灯，又称为驻车灯等。

（2）位置。小灯安装在车辆前、后方最边上。大货车的车顶及侧面也安装小灯。

2. 大灯

（1）功能。大灯的作用是明亮而均匀地照清车前 150 ～ 400 m 的路面，保证车辆的夜间行驶。

为了解决大灯的炫目问题，在汽车上一般采用远光和近光控制。夜间行驶无迎面车辆时，选择远光，使光束照向远方，提高车速；当两车相遇时，使用近光，光束倾向路面，使车前 50 m 内的路面照得清晰，避免迎面来车使驾驶员炫目。

驾驶员需要超车或提醒附近车辆注意时，通过闪烁大灯引起附近或对面车辆注意。

（2）分类。大灯通常分为近光灯、远光灯和超车灯。

（3）组成。大灯的光学系统由反射镜、配光镜和灯泡三部分组成。

3. 雾灯

（1）分类。

①前雾灯。安装在车头的雾灯位置，比前照灯稍低，称为前雾灯。其功率稍大，大多为 55 W。

②后雾灯。车尾的雾灯称为后雾灯。

前雾灯的标志和后雾灯的标志有一点区别：前雾灯标志的灯光线条是向下的，后雾灯标志的灯光线条是平行的，一般位于车内的仪表控制台上。

雾灯的光色为黄色或橙色，黄色光的波长较长，其透雾性能好。

（2）功能。前雾灯用于在雨雾天气行车的道路照明，后雾灯主要用于在雨雾天向后方车辆或行人提供本车的位置信息。

（3）组成。

①前雾灯系统由保险、前雾灯灯泡、前雾灯开关、车身控制模块（BCM）、雾灯继电器等组成。

②后雾灯系统由保险、后雾灯灯泡、后雾灯开关、BCM 等组成。

 任务实施

一、实操目标

（1）能够实物认知照明电器系统的分类。

（2）能够实物认知照明电器系统的功能和组成。

二、实施计划

项目	内容
时间安排	45 min
实操车型	带汽油电控发动机车辆 1 台； 混合动力车辆 1 台
设备与工具	万用表 1 个
注意事项	注意用电安全

三、实操任务

1. 汽油机照明电器系统

（1）准备工作。

①工具准备：_____。

②量具准备：_____。

③安全准备：_____。

将车辆停放在_____，然后在车轮前后安放_____，在车内安放三件套。在车前两侧安放_____布，拉起_____，将手动变速器置于_____，自动变速器应置于_____挡或_____挡。

（2）打开车辆小灯的方式：_____。

（3）开启超车灯的方式：_____。

（4）对应实车认知照明电器系统零部件的组成，从汽车机舱内到机舱外，将所经过的照明电器系统按照顺序记录下来。

_____

_____

_____

_____

_____

_____

_____

_____

2. 混合动力汽车车身安全系统

（1）准备工作。

①工具准备：_____。

②量具准备：_____。

③安全准备：_____。

将车辆停放在_____，然后在车轮前后安放_____，在车内安放三件套。在车前两侧安放_____布，拉起_____，将手动变速器置于_____，自动变速器应置于_____挡或_____挡。

（2）打开近光灯、远光灯的方式：_____。

（3）打开前后雾灯的方式：_____。

（4）对应实车认知照明电器系统零部件的组成，从汽车机舱内到机舱外，将所经过的照明电器系统按照顺序记录下来。

_____

_____

_____

_____

_____

_____

_____

_____

心得体会

_____

_____

_____

_____

_____

_____

_____

微课：照明电器系统认知

📖 任务 2

信号电器系统的认知

 **任务引导**

与任务 1 的照明系统一样，为了确保行车安全，在汽车上都装有多种信号电器设备。那么，信号电器系统有哪些？组成是什么？功能是什么？这是本任务需要了解的内容。

任务描述

通过本任务的学习，掌握信号电器系统的功能和组成，为后续的应用场景学习打下坚实的基础。

任务目标

1. 培养自我学习能力、理论联系实际能力。
2. 培养安全意识。
3. 能描述信号电器系统的组成。
4. 能实车认知信号电器系统的组成。

任务准备

一、信号电器系统总体认知

信号电器系统是能对车辆之外的其他车辆、人或动物进行提醒和警示的电器系统。其主要目的是保障自身及他人的安全。信号电器系统包括转向灯、应急灯、倒车灯、制动灯、日间行车灯、大灯高低调节、喇叭。

二、信号电器系统

1. 转向灯

（1）功能。转向灯安装在车辆两端或翼子板上，汽车转弯时发出明暗交替的黄色闪光信号，以向前后左右的车辆表明驾驶员正在转弯或改换车道，每分钟闪烁 60～120 次。

（2）组成。转向灯系统主要由保险、转向灯、转向开关、BCM 等组成。

2．应急灯

（1）功能。车辆紧急停车或驻车时，危险警告灯给前后左右车辆显示位置。左右两侧转向灯同时闪烁时，作危险警告灯使用。

（2）组成。应急灯系统由保险、转向灯、危险警告灯开关、BCM 等组成。

3．倒车灯

（1）功能。倒车灯安装在车辆尾部，为驾驶员提供额外照明，使其能在夜间倒车时看清车后面的物体。同时也警告后面的车辆，该车驾驶员想要倒车或正在倒车。

当点火开关接通，变速箱换至倒挡时，倒车灯点亮。

（2）组成。倒车灯系统由保险、倒挡开关、倒车灯灯泡等组成。

4．制动灯

（1）功能。制动灯安装在车辆尾部，灯光颜色为红色，通知后面车辆该车正在制动，避免后部车辆与其相撞。为了醒目地提醒后方车辆，通常还设置高位制动灯。

（2）组成。制动灯系统由保险、制动灯开关、制动灯灯泡等组成。

5．日间行车灯

（1）功能。日间行车灯是为白天向前方提示车辆存在而设置的，安装在前端的两侧。它的作用不是为了使驾驶员能看清路面，而是为了让别人知道有一辆车开过来了，因此这种灯具不是照明灯，而是一种信号灯。

（2）组成。日间行车灯系统由 BCM、日间行车灯灯泡等组成。

图 4-2-1 所示为日间行车灯的控制原理。照明灯光均关闭，发动机运转，BCM 收到信号条件合适，控制输出电源至日间行车灯，日间行车灯点亮。

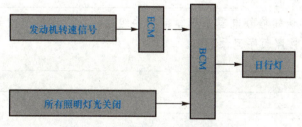

图 4-2-1　日间行车灯的控制原理

6．大灯高低调节

（1）功能。大灯高低调节系统根据实际情况对大灯灯光照射角度进行调节，以便获得最佳的照射范围，从而提高道路行驶的安全性。

（2）组成。大灯高低调节系统由高低调节开关、高低调节电机及模块等组成。

7．喇叭

（1）功能。喇叭的作用是警告行人和其他车辆，以引起注意，保证行车安全。

（2）组成。喇叭系统由喇叭、喇叭继电器、喇叭开关、游丝、BCM 等组成。

一、实操目标

（1）能够实物认知信号电器系统的分类。

（2）能够实物认知信号电器系统的功能和组成。

二、实施计划

项目	内容
时间安排	45 min
实操车型	汽油机车辆1台； 混合动力车辆1台
设备与工具	万用表1个
注意事项	注意用电安全

三、实操任务

1. 信号电器系统

（1）准备工作。

①工具准备：_____。

②量具准备：_____。

③安全准备：_____。

将车辆停放在_____，然后在车轮前后安放_____，在车内安放三件套。在车前两侧安放_____布，拉起_____，将手动变速器置于_____，自动变速器应置于_____挡或_____挡。

（2）打开日间行车灯的方式：_____。

（3）打开应急灯的方式：_____。

（4）对应实车认知信号电器系统零部件的组成，从汽车机舱内到机舱外，将所经过的信号电器系统按照顺序记录下来。

_____

_____

_____

_____

_____

_____

_____

_____

_____

_____

_____

2. 混合动力汽车信号电器系统

（1）实操车型的品牌：_____，型号：_____，年款：_____。

（2）开启制动灯的方式：_____。

（3）开启倒车灯的方式：_____。

（4）对应实车认知信号电器系统零部件的组成，从汽车机舱内到机舱外，将所经过的信号系统按照顺序记录下来。

_____

_____

_____

_____

_____

_____

_____

_____

_____

_____

心得体会

_____

_____

_____

_____

_____

微课：信号电器系统认知

🕹 任务 3

其他车身电器系统的认知

📖 **任务引导**

其他车身电器系统主要是依靠汽车车身架构的一些功能性的电气系统。随着汽车行业和电气行业的发展，其他车身电器的种类也越来越多，必将为汽车的驾乘提供更好的体验。其他车身电器系统有哪些？组成是什么？功能是什么？这是本任务需要了解的内容。

📝 **任务描述**

通过本任务的学习，掌握其他车身电器系统的功能和组成，为后续的应用场景学习打下坚实的基础。

✏ **任务目标**

1. 培养自我认知能力、动手实践能力。
2. 培养安全意识。
3. 能描述其他车身电器系统的组成。
4. 能实车认知其他车身电器系统的组成。

📝 **任务准备**

其他车身电器系统主要指便于驾乘人员操作的一些功能性的电器系统。其主要目的是提高驾乘人员自身驾乘便利性。此系统包括电动车窗、电动门锁、电动座椅、电动后视镜、电动天窗、电动遮阳帘、雨刮喷水系统等。

1. 电动车窗

（1）功能。左前门具有一键上升或下降及防夹功能（不同配置有所区别）。左前门具有锁止其他车窗功能，锁止时其他车窗不能工作。各门电动机均具有过载保护功能。左前门开关控制所有门，其他门具有自己控制自己、延时断电、遥控控制等功能。

（2）组成。电动车窗由车窗玻璃、车窗玻璃升降器、电动机和控制开关等组成。

2. 电动门锁

（1）功能。电动门锁方便驾驶员和乘客开关车门。驾驶员在锁住或打开自己车门的同时，也可以锁住或打开其他车门；除中控门锁控制外，乘客还可以利用各车门的机械式弹簧锁来开关车门。

（2）组成。电动门锁由位于左前门锁电动机上的位置开关、位于中控台上的中控开关、尾门开启请求开关、BCM（中控功能集成于内部）组成。

3. 电动座椅

（1）功能。电动座椅可为驾驶员提供便于操作、舒适安全的驾驶位置，减少驾驶员疲劳。

（2）组成。电动座椅由开关、电动机、传动装置、控制线路等组成。

4. 电动后视镜

（1）功能。为了方便驾驶员调整后视镜的角度，许多汽车安装了电动后视镜（又称自动后视镜），驾驶员只需坐在座椅上直接操纵开关，就可以方便地对左右后视镜的角度随意进行调节。

（2）组成。电动后视镜由调整开关、电动机、传动和执行机构等组成。

5. 电动天窗

（1）功能。汽车天窗安装于车顶，能够有效地使车内空气流通，增加新鲜空气的进入，同时汽车天窗也可以开阔视野，满足移动摄影、摄像等需求。

电动天窗利用负压换气的原理，依靠汽车在行驶时气流在车顶快速流动形成车内的负压，将车内污浊的空气抽出，车内气流极其柔和；夏日，汽车在阳光下暴晒，车内温度可高达 60 ℃，这时打开天窗比开空调降温速度快 2 ～ 3 倍；雨水多的季节，前风挡玻璃常有雾气，打开天窗至后翘通风位置，除雾效果好。

（2）组成。电动天窗由驱动机构、滑动机构、控制系统和开关等组成。

6. 电动遮阳帘

（1）功能。电动遮阳帘的主要功能是遮挡阳光，避免炫目。

（2）组成。电动遮阳帘由遮阳帘、开关、控制模块、电机、驱动机构等组成。

7. 雨刮喷水系统

（1）功能。雨刮喷水系统的作用是为风挡提供洗涤液，辅助雨刮片清洁风挡。雨刮喷水分为前洗涤和后洗涤两种方式。

（2）组成。雨刮喷水系统由储液罐、洗涤泵、输液管、喷嘴、洗涤开关、车身控制模块等组成。

任务实施

一、实操目标

（1）能够实物认知其他车身电器系统的分类。

（2）能够实物认知其他车身电器系统的功能和组成。

二、实施计划

项目	内容
时间安排	45 min
实操车型	汽油机车辆 1 台； 混合动力车辆 1 台
设备与工具	万用表 1 个
注意事项	注意用电安全

三、实操任务

1. 其他车身电器系统

（1）准备工作。

①工具准备：_____。

②量具准备：_____。

③安全准备：_____。

将车辆停放在_____，然后在车轮前后安放_____，在车内安放三件套。在车前两侧安放_____布，拉起_____，将手动变速器置于_____，自动变速器应置于_____挡或_____挡。

（2）电动后视镜的调节方式：_____。

（3）电动座椅的调节方式：_____。

（4）对应实车认知其他车身电器系统零部件的组成，从汽车机舱内到机舱外，将所经过的其他车身电器系统按照顺序记录下来。

_____

_____

_____

_____

_____

_____

_____

_____

_____

2. 混合动力汽车其他车身电器系统

（1）实操车型的品牌：_____，型号：_____，年款：_____。

（2）开启电动天窗的方式：_____。

（3）开启电动门锁的方式：_____。

（4）对应实车认知其他车身电器系统零部件的组成，从汽车机舱内到机舱外，将所经过的其他车身电器系统按照顺序记录下来。

_____

_____

_____

_____

_____

_____

_____

_____

_____

_____

心得体会

_____

_____

_____

_____

_____

_____

微课：其他车身电器系统认知

车身电器认知与实践任务评价表

评价任务	评价内容	评价标准	评价等级		
			自评	组评	师评
前期准备与安全检查（18分）	规范操作，认真检查	1. 准确填写车辆信息。（3分） 2. 安装座椅、地板、方向盘三件套。（3分） 3. 安装翼子板布和前格栅布。（3分） 4. 安装车轮挡块，插尾气抽气管。（3分） 5. 检查手刹和挡位。（3分） 6. 检查机油、冷却液、制动液、电瓶电压。（3分）			
实际操作（62分）	着装和工器具选用（7分）	1. 合理着装，合理选取工器具，合理布置工作现场。（4～7分） 2. 未合理着装，未合理选取工器具，合理布置工作现场。（1～13分） 3. 未合理着装，未合理选取工器具，未正确布置工作现场。（0～1分）			
	车身电器的认识（55分）	1. 能全面认识系统零部件，内容记录完整，内容填写完整。（45～55分） 2. 能部分认识系统零部件，存在2项以内错误，内容记录部分完整。（32～44分） 3. 填写不完整，存在3项以上错误，内容记录不完整。（0～31分）			
基本素质（20分）	严谨细致（10分）	1. 工具摆放整齐。（2.5分） 2. 设备归位。（2.5分） 3. 场地清洁。（2.5分） 4. 废弃物清理。（2.5分）			
	遵章守纪（10分）	1. 能遵守实训管理制度，不迟到/早退。（5分） 2. 严格遵守安全操作规程。（5分）			
总成绩		备注　总成绩＝自评分×0.2＋组评分×0.3＋师评分×0.5			

课程素质案例

大国工匠高孔长：给汽车"穿上"精致外衣

项目 5
车身安全系统

情景描述

据一辆新上路的五菱轿车车主反映，车辆在行车过程中，总是听到车锁发出开锁和落锁的声音，还有方向盘上的 SRS 也不理解是什么意思，倒车影像不如以前清晰。其希望得到专业维修技师的帮助。

项目概述

本项目主要讲述汽车电控技术的基础知识，是后续课程中进行相关试验、检测与维修的必备知识。通过学习和掌握车身安全系统的组成和功能，可明确地了解电控技术在车身安全系统中的作用。

项目目标

1. 培养自我认知能力、动手实践能力。
2. 培养安全意识。
3. 了解汽车车身安全系统的总体概况。
4. 掌握车身安全系统的主要组成部分。
5. 掌握车身安全系统各组成部分的元器件及工作原理。
6. 能够实车识别各类车身安全设备。

🎛 任务 1

遥控控制系统的认知

 **任务引导**

随着人们对汽车便利性要求的不断提高，现在一些中高档轿车，都配置有遥控控制系统。其最主要的功能是能够远距离控制中控门锁的开锁和落锁。有些车辆还具有开启尾门或后备箱功能、设置和解除车身防盗系统功能、寻车功能、控制电动车窗自动下降功能、天窗或遮阳帘关闭功能、打开功能、遥控启动发动机功能等。总体来说，遥控控制系统的功能不断增多，大大方便了驾驶员的操作，基本成为车辆的标准配置。

任务描述

通过本任务的学习，熟悉车身安全的组成，掌握遥控控制系统的功能和组成，为后续的应用场景学习打下坚实的基础。

任务目标

1. 培养自我认知能力、动手实践能力。
2. 培养安全意识。
3. 能描述遥控控制系统的组成。
4. 能实车认知遥控控制系统的组成。

任务准备

一、车身安全总体认知

为提高汽车的操作便利性和行车安全性，在汽车上安装有遥控控制系统、安全气囊系统和行车安全系统，具体配置形式因车型而异。遥控控制系统主要包括遥控控制、车身防盗、发动机防盗、无钥匙进入与启动；安全气囊系统包括碰撞传感器、安全气囊电脑、SRS 指示灯和安全气囊组件；行车安全系统主要包括倒车雷达、全景影像。

二、遥控控制系统

1. 遥控控制

（1）功能。遥控控制的主要功能是能够远距离控制中控门锁的开锁和落锁。有些车辆还具有开启尾门或后备箱功能、设置和解除车身防盗系统功能、寻车功能、控制电动车窗自动下降功能、天窗或遮阳帘关闭功能、打开功能、遥控启动发动机功能等。

（2）组成。遥控控制系统由遥控发射器、遥控接收器、遥控执行器组成。

①遥控控制（BCM 控制）。对于由 BCM 作为遥控接收器的车型，遥控控制系统由以下部件组成：遥控发射器；BCM 模块遥控执行器，包括中控锁、转向灯及喇叭等，如图 5-1-1 所示。

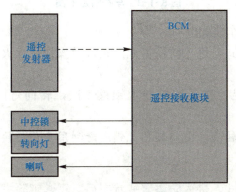

图 5-1-1　BCM 控制框图

②遥控控制（PEPS 控制）。对于带 PEPS（智能进入及启动系统）系统的车型，遥控控制系统由以下部件组成：遥控发射器、PEPS 遥控接收模块、BCM 遥控接收模块、遥控执行器（包括中控锁、转向灯及喇叭等），如图 5-1-2 所示。

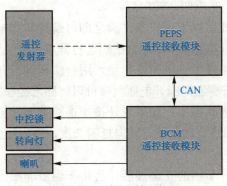

图 5-1-2　PEPS 控制框图

2. 车身防盗

（1）功能。凡是带有遥控控制系统的车型，都具有车身防盗功能。当用遥控器上锁后，如果有人非法打开车门、后备箱或点火开关，控制模块控制喇叭鸣叫、转向灯闪烁，以此对窃贼进行恐吓。

（2）组成。车身防盗系统由以下部件组成：车身控制模块、遥控发射器、4 个车门门控开关、后尾门门控开关、点火开关、左前门门锁状态开关、转向灯、喇叭，如图 5-1-3 所示。

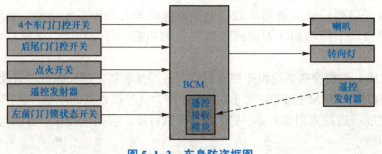

图 5-1-3　车身防盗框图

（3）车身防盗的工作模式。

①设置防盗警戒模式。进入防盗警戒的条件及操作：点火开关在 OFF 挡；关闭 4 个车门；关闭尾门。

以上条件全部满足，按下遥控器上锁键 1 次，转向灯闪 2 次，进入防盗警戒状态。

注意： 用机械钥匙转动左前门锁芯上锁或者利用左前门按钮手动上锁，不能进入警戒状态。

②解除防盗警戒模式。进入防盗警戒状态后，正常解除方式包括：按压遥控器开锁键；带发动机防盗的车型，用合法钥匙打开点火开关到 ON 挡。

③触发防盗警戒模式。以下任意一种操作，都会触发防盗警戒模式：非法打开车门；非法打开尾门；用机械钥匙通过左前门机械锁芯解锁门锁电机；按压左前门中控门锁按钮；按压中控台上的中控按钮。

触发防盗模式后，喇叭鸣叫，转向灯闪烁。

④解除防盗报警模式。以下任一条件满足即可解除防盗报警模式：按压遥控器的开锁键；对于带发动机防盗的车型，用合法钥匙打开点火开关到 ON 挡。

例如：五菱宏光 S 不带发动机防盗车型，用合法钥匙打开点火开关 8 次可以解除已经触发的车身防盗。五菱宏光断开电瓶负极可以解除已经触发的车身防盗。

⑤自动落锁。在上锁状态下，如果意外按压遥控器开锁键一次，车门开锁。如果 30 s 内未打开车门，车门将自动落锁，转向灯闪 2 次，进入防盗警戒状态。

3. 发动机防盗

（1）功能。为了提升车辆的安全性能，防止车辆被非法盗走，目前部分中高配车辆都配置有发动机防盗系统。如果使用非法的手段打开点火开关，发动机防盗系统因不能识别出合法的钥匙芯片，ECM 会停止对点火和喷油的控制，阻止发动机启动，从而达到防止车辆被盗的目的。

（2）组成。一般来讲，发动机防盗系统由防盗芯片、防盗天线、防盗模块、ECM、防盗指示灯组成，如图 5-1-4 所示。

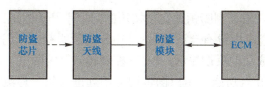

图 5-1-4 发动机防盗框图

不同的车型,其防盗部件组成可能不同,但总体上以上部件都存在,只是存在的模块或位置不同而已,例如:

①宝骏 730 不带 PEPS 车辆发动机防盗系统由防盗芯片、防盗天线（LIN 模块）、BCM（防盗模块集成在 BCM 内部）、ECM 等部件组成,如图 5-1-5 所示。

②宝骏 730 带 PEPS 车辆发动机防盗系统由防盗芯片、车内天线、PEPS 模块（防盗模块集成在 PEPS 内部）、ESCL（电子转向柱锁）、ECM 等部件组成,如图 5-1-6 所示。

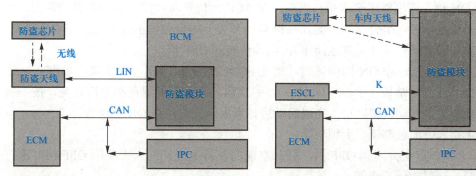

图 5-1-5 不带 PEPS 的发动机防盗框图   图 5-1-6 带 PEPS 的发动机防盗框图

带 PEPS 模块的车辆与不带 PEPS 车辆,其防盗系统基本类似,只是带 PEPS 的车辆,防盗系统多了一个 ESCL 参与防盗认证。

4. 无钥匙进入与启动

无钥匙进入与启动系统（Passive Entry Passive Start,PEPS）就是智能进入及启动系统,中文俗称无钥匙进入及一键式启动系统。为了提升车辆的舒适性能,车辆配置有该系统。

（1）功能。PEPS 的功能特性为无钥匙进入和无钥匙电源管理两大功能。无钥匙进入系统采用无线电技术和车辆身份编码识别系统,成功地融合中控、遥控、车身防盗、发动机防盗、电源管理系统。

PEPS 功能使驾驶员的操作更加简单,在实现中控、遥控、车身防盗、发动机防盗、电源管理功能时,驾驶员只要携带合法的钥匙,在有效的区域范围内直接按动门把手开关或点火开关就能自动地实现相应的功能。

PEPS 具体功能如下:

①无钥匙解锁。用户携带智能钥匙进入信号检测区域（1.5 m）,按下门把手开关;PEPS 判断钥匙合法;PEPS 判断钥匙在被按压的门把手开关附近;执行四门开锁;同时,作为向驾驶员的提示反馈,转向灯闪一下,后视镜打开。

②无钥匙上锁。用户携带智能钥匙进入信号检测区域,按下门把手触发开关;

PEPS判断钥匙合法；PEPS判断钥匙在被按压的门把手开关附近；PEPS判断电源状态为OFF挡；PEPS检查车内没有合法钥匙；PEPS判断所有的车门及后备箱关闭；执行四门上锁；作为上锁成功的反馈提示，BCM控制转向灯闪两下，后视镜折叠。

③无钥匙行李箱开启功能。用户携带智能钥匙进入信号检测区域，按下行李箱门请求开关；PEPS判断有智能钥匙在门外且认证合法；执行行李箱开起。

④无钥匙电源管理。

a．OFF挡。在OFF挡位置时，车辆电源关闭。音响显示屏不点亮，组合仪表仅有车门未关警告灯在车门打开时亮起。

b．ACC挡。在OFF挡位置时，按下一键启动开关，可切换到ACC挡位置。一键启动开关上的橙色工作指示灯开始点亮。在该位置下，部分电器附件的电源接通，如音响和点烟器。如不进行任何操作，1 h后，系统将自动返回OFF挡位置，减少耗电。

c．ON挡。该位置用于驾驶和启动。在ACC挡位置时，按一下一键启动开关，可切换到ON挡位置。组合仪表点亮，一键启动开关上的橙色指示灯点亮。在ON挡上，如按一次一键启动开关（无其他操作），则挡位转到OFF挡。

d．START挡。在ON挡位置时，将变速器挡位置于空挡，踩下离合器踏板（手动挡车型）或制动踏板（手自一体车型），一键启动开关上的绿色指示灯点亮，按一次一键启动开关，发动机将启动。完成启动后，点火开关保持在ON挡位置。

⑤无钥匙方向盘解锁、上锁功能。

a．上锁。点火关闭到OFF挡，打开左前门，马上上锁；点火关闭OFF挡，不打开左前门，延时30 s后上锁。

b．解锁：点火开关在非OFF挡，方向执行解锁。

（2）组成。PEPS由电子钥匙、门把手开关及其天线、尾门开启开关、车内和尾门天线、点火开关、OFF、ACC、ON挡电源管理继电器、启动挡电源管理继电器、PEPS模块、ESCL模块、BCM及门锁电机、ECM等部件组成，如图5-1-7所示。

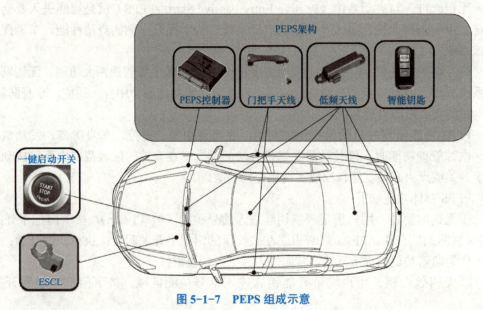

图5-1-7　PEPS组成示意

任务实施

一、实操目标

（1）能够实物认知遥控控制系统。

（2）能够实物认知遥控控制系统的功能和组成。

二、实施计划

项目	内容
时间安排	45 min
实操车型	混合动力车辆 1 台
设备与工具	万用表 1 个
注意事项	注意用电安全

三、实操任务

混合动力汽车车身安全系统

（1）准备工作。

①工具准备：＿＿＿＿＿＿＿＿＿＿＿＿＿＿＿＿＿＿＿＿＿＿＿＿＿。

②量具准备：＿＿＿＿＿＿＿＿＿＿＿＿＿＿＿＿＿＿＿＿＿＿＿＿＿。

③安全准备：＿＿＿＿＿＿＿＿＿＿＿＿＿＿＿＿＿＿＿＿＿＿＿＿＿。

将车辆停放在＿＿＿＿＿＿，然后在车轮前后安放＿＿＿＿＿＿，在车内安放三件套。在车前两侧安放＿＿＿＿＿＿布，拉起＿＿＿＿＿＿，将手动变速器置于＿＿＿＿＿＿，自动变速器应置于＿＿＿＿＿＿挡或＿＿＿＿＿＿挡。

（2）开启车辆车门的方式：＿＿＿＿＿＿＿＿＿＿＿＿＿＿＿＿＿＿＿。

（3）车辆无钥匙进入的方式：＿＿＿＿＿＿＿＿＿＿＿＿＿＿＿＿＿＿＿。

（4）对应实车认知遥控控制系统零部件的组成，从汽车机舱内到机舱外，将所经过的汽车遥控控制系统按照顺序记录下来。

＿＿＿＿＿＿＿＿＿＿＿＿＿＿＿＿＿＿＿＿＿＿＿＿＿＿＿＿＿＿＿＿＿＿

＿＿＿＿＿＿＿＿＿＿＿＿＿＿＿＿＿＿＿＿＿＿＿＿＿＿＿＿＿＿＿＿＿＿

＿＿＿＿＿＿＿＿＿＿＿＿＿＿＿＿＿＿＿＿＿＿＿＿＿＿＿＿＿＿＿＿＿＿

＿＿＿＿＿＿＿＿＿＿＿＿＿＿＿＿＿＿＿＿＿＿＿＿＿＿＿＿＿＿＿＿＿＿

＿＿＿＿＿＿＿＿＿＿＿＿＿＿＿＿＿＿＿＿＿＿＿＿＿＿＿＿＿＿＿＿＿＿

＿＿＿＿＿＿＿＿＿＿＿＿＿＿＿＿＿＿＿＿＿＿＿＿＿＿＿＿＿＿＿＿＿＿

＿＿＿＿＿＿＿＿＿＿＿＿＿＿＿＿＿＿＿＿＿＿＿＿＿＿＿＿＿＿＿＿＿＿

＿＿＿＿＿＿＿＿＿＿＿＿＿＿＿＿＿＿＿＿＿＿＿＿＿＿＿＿＿＿＿＿＿＿

＿＿＿＿＿＿＿＿＿＿＿＿＿＿＿＿＿＿＿＿＿＿＿＿＿＿＿＿＿＿＿＿＿＿

＿＿＿＿＿＿＿＿＿＿＿＿＿＿＿＿＿＿＿＿＿＿＿＿＿＿＿＿＿＿＿＿＿＿

＿＿＿＿＿＿＿＿＿＿＿＿＿＿＿＿＿＿＿＿＿＿＿＿＿＿＿＿＿＿＿＿＿＿

＿＿＿＿＿＿＿＿＿＿＿＿＿＿＿＿＿＿＿＿＿＿＿＿＿＿＿＿＿＿＿＿＿＿

心得体会

微课：遥控控制系统认知

任务 2

安全气囊系统的认知

 **任务引导**

安全气囊是汽车被动安全中一项技术含量很高的产品。它的保护功能已经被人们普遍知悉。有关安全气囊的第一个专利出现于 1958 年；1970 年就有厂家开始研制可以降低碰撞事故中乘员伤害程度的安全气囊；20 世纪 80 年代，汽车生产厂家开始装置安全气囊；进入 90 年代，安全气囊的用量急剧上升；而进入 21 世纪以后，汽车上普遍都安装有安全气囊。目前，汽车上都配置了安全气囊系统，该系统已经成为车辆的标准配置。那么安全气囊系统有哪些，组成是什么，功能是什么，这就是本任务需要了解的内容。

任务描述

通过本任务的学习，掌握安全气囊系统的功能和组成，为后续的应用场景学习打下坚实的基础。

任务目标

1. 培养自我认知能力、动手实践能力。
2. 培养安全意识。
3. 能描述安全气囊系统的组成。
4. 能实车认知安全气囊系统的组成。

任务准备

一、安全气囊系统总体认知

汽车在行驶过程中，一些意外交通情况的出现往往会导致交通事故，造成人身伤亡，而且交通事故一般发生时间极短，驾乘人员没有足够的反应时间来主动保护自己，因此需要被动安全保护装置来减少事故对人体的伤害。现在汽车普遍装有安全气囊。实验和实践证明，汽车装用安全气囊后，发生碰撞事故时对驾乘人员的伤害程度大大降低。目前，安全气囊系统主要包括乘员辅助保护系统即安全气囊和安全带预紧器两类。

二、安全气囊

1. 功能

安全气囊（Supplemental Restraint System，SRS），也称乘员辅助保护系统，当汽车遭到碰撞而急剧减速时能很快膨胀，可保护车内乘员不致碰撞到车厢内部，起到缓冲垫的作用，是一种被动安全装置。安全气囊只有在发生一定程度的交通碰撞事故时才起作用，具有不受约束、使用方便和美观等优点。近几年来，世界汽车市场的竞争愈演愈烈、人们安全意识的增强，以及安全气囊制造成本的降低，使得安全气囊在汽车上的应用逐渐普及。

根据碰撞类型的不同，安全气囊可分为正面碰撞防护安全气囊、侧面碰撞防护安全气囊和顶部碰撞防护安全气囊。交通事故统计表明，安全气囊与安全带配合使用，对正面碰撞事故中的乘员具有更好的保护效果。

2. 组成

常规安全气囊主要由传感器、安全气囊组件、SRS 指示灯和 ECU 等组成，如图 5-2-1 所示。

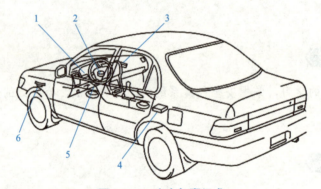

图 5-2-1　安全气囊组成

1—SRS 指示灯；2—螺旋电缆；3—右前碰撞传感器；4—SRS 电脑；5—SRS 气囊；6—左前碰撞传感器

三、安全带预紧器

1. 功能

传统的安全带涨紧器的作用是，当车辆出现急减速时，防止乘客因为惯性而向前移动导致的碰撞伤害；涨紧器限制了安全带的拉伸，从而将乘客通过安全带固定在一定范围内，大大降低了碰撞事故带来的人身伤害。

如果车辆发生正面碰撞的等级过高，在传统安全带涨紧器限制乘客向前冲击的基础之上，安全带预紧器工作，可以使涨紧器反向缩回一定距离（通常在 10 cm 左右），就会提高对乘客正面碰撞后的保护能力。安全带预紧器和安全带涨紧器集为一体，工作时涨紧器卷轴反向转动而缩回一定距离。

2. 组成

装备了带安全带预紧器的安全气囊，在常规安全气囊的基础上增加了前排左、右两个座椅安全带预紧器，安装在前排座椅左、右两侧或前左、前右车门立柱旁边。安全带预紧器由气体发生器、带轮、离合器、自动安全带卷筒、活塞（或转子）和软轴等组成。气体发生器和点火器的结构原理与安全气囊组件基本相同。

如图 5-2-2 和图 5-2-3 所示，当安全带预紧器的点火器电路接通电源时，点火器引爆点火剂，充气剂受热分解，活塞（或转子）在膨胀气体的作用下迅速移动，并推动预紧器的弹簧装置将安全带迅速收紧，缩短驾驶员和乘员向前移动，从而防止其面部、胸部与转向盘、风窗玻璃或仪表板发生碰撞。

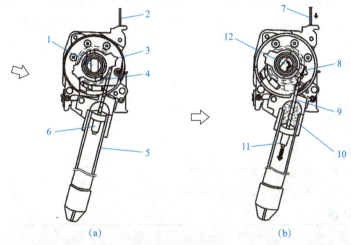

图 5-2-2 安全带预紧器（一）
（a）结构；（b）工作原理
1、12—轴；2、7—座椅安全带；3、8—鼓；4、9—软轴；5、10—气缸；6、11—活塞

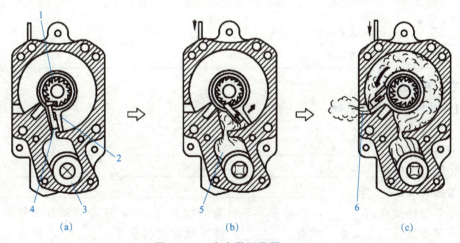

图 5-2-3 安全带预紧器（二）
（a）结构；（b）气体产生时预警器状态；（c）气体排出时预警器状态
1—锁爪离合器；2—转子；3—气体发生器；4—键离合器；5—气体；6—放气孔

3. 安全带预紧器工作原理

在汽车行驶过程中，保险传感器、中央碰撞传感器和前碰撞传感器随时检测车速

变化信号，并将检测到的信号送到 SRS ECU。在 SRS ECU 中，预先编制的程序经过数学计算和逻辑判断后，向预紧器的点火器或 SRS 点火器发出点火指令，使安全带预紧器动作或预紧器与 SRS 同时作用。当汽车行驶速度低于 30 km/h 时，碰撞产生的减速度和惯性力较小，保险传感器和中央碰撞传感器将此信号送到 SRS ECU，ECU 判断结果为不引爆 SRS，仅引爆安全带预紧器的点火器；与此同时，向左、右安全带预紧器的点火器发出点火指令使安全带预紧，防止驾驶员和乘员遭受伤害。

当汽车行驶速度高于 30 km/h 时，碰撞产生的减速度和惯性力较大，保险传感器、中央碰撞传感器和前碰撞传感器将此信号送到 SRS ECU，ECU 判断结果为需要 SRS 和安全带预紧器共同作用来保护驾驶员和乘员。与此同时，向预紧器点火器和安全气囊点火器发出点火指令，引爆所有点火器。在座椅安全带收紧的同时，驾驶员安全气囊与乘员安全气囊同时膨开。

一、实操目标
（1）能够实物认知安全气囊系统分类。
（2）能够实物认知安全气囊系统的功能和组成。

二、实施计划

项目	内容
时间安排	45 min
实操车型	汽油机车辆 1 台； 混合动力车辆 1 台
设备与工具	万用表 1 个； 常用工具 1 套
注意事项	注意用电安全

三、实操任务

1. 传统汽车安全系统

（1）准备工作。

①工具准备：_____。

②量具准备：_____。

③安全准备：_____。

将车辆停放在_____，然后在车轮前后安放_____，在车内安放三件套。在车前两侧安放_____布，拉起_____，将手动变速器置于_____，自动变速器应置于_____挡或_____挡。

（2）车辆安全带的调节方式：_____。

（3）车辆安全气囊的布置形式：_____。

（4）对应实车认知安全气囊系统零部件的组成，从汽车机舱内到机舱外，将所经过的汽车安全气囊系统按照顺序记录下来。

_____

_____

_____

_____

_____

_____

_____

2. 混合动力汽车安全系统

（1）实操车型的品牌：_____，型号：_____，年款：_____。

（2）车辆安全带调节方式：_____。

（3）车辆安全气囊的布置形式：_____。

（4）对应实车认知安全气囊系统零部件的组成，从汽车机舱内到机舱外，将所经过的安全气囊系统按照顺序记录下来。

_____

_____

_____

_____

_____

_____

_____

心得体会

_____

_____

_____

_____

_____

微课：安全气囊系统认知

任务 3

行车安全系统的认知

 任务引导

　　为了提高行车安全性，除在任务 2 提到的安全气囊和安全带外，还有倒车雷达、全景影像等为行车安全保驾护航。这两种行车安全系统的组成是什么？功能是什么？这是本任务需要了解的内容。

 任务描述

　　通过本任务的学习，掌握行车安全系统的功能和组成，为后续的应用场景学习打下坚实的基础。

 任务目标

　　1. 培养自我认知能力、动手实践能力。
　　2. 培养安全意识。
　　3. 能描述行车安全系统的组成。
　　4. 能实车认知行车安全系统的组成。

任务准备

一、行车安全系统总体认知

　　行车安全系统是指为了提高驾驶人员的行车操作安全性而设置的系统。其主要目的是提高驾驶员人员驾驶操作的准确性。此系统包括倒车雷达和全景影像。

二、倒车雷达

1. 功能

　　倒车雷达即驻车辅助系统。驻车辅助系统是汽车主动防撞系统在低速和城市复杂环境下的一个重要的应用，也是汽车主动防撞系统的智能化具体体现。驻车辅助系统可让停车变得轻松可感知。

2. 组成

驻车辅助系统由驻车辅助模块、超声波传感器、驻车辅助开关、手刹开关、显示屏等部件组成，如图 5-3-1 所示。

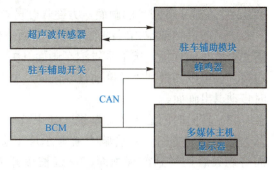

图 5-3-1　驻车辅助系统组成

三、全景影像

1. 功能

全景影像功能进一步提高了车辆在驻车和行驶过程中的安全性。全景影像显示分为全屏显示和两分屏显示两种状态，具体有以下 8 种显示方式。全景影像画面如图 5-3-2 所示。

图 5-3-2　全景影像画面

360°全景泊车画面辅助功能是将安装在两侧外后视镜和前 / 后保险杠上的摄像头采集的图像显示在音响系统的显示屏上，方便查看车外环境。使用该功能时，先将点火开关置于 ON 挡。

（1）3D 全景＋前视。分两屏显示车辆四周和车前的影像。

（2）全屏前视。全屏显示车前影像。

（3）3D 左视＋左前。分两屏显示车辆左侧和左前方的影像。

（4）3D 右视＋右前。分两屏显示车辆右侧和右前方的影像。

（5）3D 全景＋后视。分两屏显示车辆四周和车后的影像。

（6）全屏显示车后影像。

（7）3D 左视＋后视。分两屏显示车辆左侧和车后的影像。

（8）3D 右视＋后视。分两屏显示车辆右侧和车后的影像。

2. 全景影像工作状态

（1）倒车时的泊车画面辅助。当变速器挂入 R 挡时，就会在音响系统显示屏上出现"3D 全景＋后视"画面（不需要按开关），方便驾驶员倒车时查看车后环境。这时短按开关可以切换到"全屏后视"画面。如果在倒车时打转向灯，则切换到相应侧的

"3D 左 / 右视＋侧视"的画面，方便驾驶员查看侧面的环境。

（2）前进挡或空挡时的泊车画面辅助。当变速器在空挡或前进挡上时，如驾驶员需要查看车前环境，按下全景泊车画面开关，就会出现"3D 全景＋前视"画面。这时短按开关可以切换到"全屏前视"画面。长按开关可以直接关闭画面。车速＞ 15 km/h 时自动退出画面。

（3）转向时的泊车画面辅助。如果驾驶员需要在转向时查看侧面的环境，先按下开关然后打转向灯，在音响系统显示屏上会出现"3D 左 / 右视＋侧视"的画面。转向灯熄灭后切换到前视画面，可以长按开关退出画面。车速＞ 15 km/h 时自动退出画面。

3．组成

全景影像系统由 4 个摄像头、全景影像开关、视频模块、音响主机、显示屏等组成，如图 5-3-3 所示。

图 5-3-3　全景影像系统组成

任务实施

一、实操目标

（1）能够实物认知行车安全系统的分类。

（2）能够实物认知行车安全系统的功能和组成。

二、实施计划

项目	内容
时间安排	45 min
实操车型	汽油机车辆 1 台； 混合动力车辆 1 台
设备与工具	万用表 1 个； 常用工具 1 套
注意事项	注意用电安全

三、实操任务

1．汽油机行车安全系统

（1）准备工作。

①工具准备：_____。

②量具准备：_____。

③安全准备：_____。

将车辆停放在_____，然后在车轮前后安放_____，在车内安放三件套。在车前两侧安放_____布，拉起_____，将手动变速器置于_____，自动变速器应置于_____挡或_____挡。

（2）车辆的倒车方式：_____。

（3）车辆全景影像的开启方式：_____。

（4）对应实车认知行车安全系统零部件的组成，从汽车机舱内到机舱外，将所经过的行车安全系统按照顺序记录下来。

_____
_____
_____
_____
_____
_____
_____

2. 混合动力汽车行车安全系统

（1）实操车型的品牌：_____，型号：_____，年款：_____。

（2）全景影像使用方式：_____。

（3）倒车影像开启方式：_____。

（4）对应实车认知行车安全系统零部件的组成，从汽车机舱内到机舱外，将所经过的行车安全系统按照顺序记录下来。

_____
_____
_____
_____
_____
_____
_____

心得体会

_____
_____
_____
_____

微课：行车安全系统认知

车身安全认知与实践任务评价表

评价任务	评价内容	评价标准	评价等级		
			自评	组评	师评
前期准备与安全检查（18分）	规范操作，认真检查	1．准确填写车辆信息。（3分） 2．安装座椅、地板、方向盘三件套。（3分） 3．安装翼子板布和前格栅布。（3分） 4．安装车轮挡块，插尾气抽气管。（3分） 5．检查手刹和挡位。（3分） 6．检查机油、冷却液、制动液、电瓶电压。（3分）			
实际操作（62分）	着装和工器具选用（7分）	1．合理着装，合理选取工器具，合理布置工作现场。（4～7分） 2．未合理着装，未合理选取工器具，合理布置工作现场。（1～3分） 3．未合理着装，未合理选取工器具，未合理布置工作现场。（0～1分）			
	车身安全的认识（55分）	1．能全面认识系统零部件，内容记录完整，内容填写完整。（45～55分） 2．能部分认识系统零部件，存在2项以内错误，内容记录部分完整。（32～44分） 3．填写不完整，存在3项以上错误，内容记录不完整。（0～31分）			
基本素质（20分）	严谨细致（10分）	1．工具摆放整齐。（2.5分） 2．设备归位。（2.5分） 3．场地清洁。（2.5分） 4．废弃物清理。（2.5分）			
	遵章守纪（10分）	1．能遵守实训管理制度，不迟到/早退。（5分） 2．严格遵守安全操作规程。（5分）			
总成绩		备注　总成绩＝自评分×0.2＋组评分×0.3＋师评分×0.5			

课程素质案例

走近全球汽车产业链上的中国创新

项目 6
舒适娱乐系统

情景描述

王先生是北汽新能源 EV 系列一款车型的车主，今日来店做维护保养。据王先生反映，其车辆偶尔检测不到智能钥匙，空调出风效果不好。他希望维修技师能够重点检查舒适系统情况。维修技师接受了此项任务，对该车的智能网联系统、空调进行检测，最终诊断出故障所在并予以排除。

项目概述

本项目主要讲述纯电动汽车电控技术的基础知识，是后续课程中进行相关试验、检测与维修的必备知识。通过学习和掌握舒适娱乐系统的组成和功能，可对电控技术在车联网、空调控制和通信连接的作用有明确的了解。

项目目标

1. 具有良好的信息素养和创新思维。
2. 养成刻苦钻研、精益求精的工匠精神。
3. 养成善于分析研究和独立思考的能力。
4. 了解智能车联网的各功能作用。
5. 掌握空调系统风门的结构及控制原理。
6. 掌握通信数字信号的识别。

任务 1

车联网系统的认识

📖 任务引导

　　车辆上的车载设备通过无线通信技术，对信息网络平台中的所有车辆动态信息进行有效利用，在车辆运行中提供不同的功能服务，可帮助车主实时导航，并通过与其他车辆和网络系统的通信提高交通运行的效率。车联网系统有哪些分类？功能有哪些？这是本任务需要了解的内容。

📝 任务描述

　　通过本任务的学习，了解车联网系统的功能及分类，掌握远程、近程控制技术，为后续的应用场景学习打下坚实的基础。

✏️ 任务目标

1. 具有较好的信息素养和创新思维。
2. 能描述车联网系统的各功能。
3. 能描述远程、近程控制的不同。

📋 任务准备

一、车联网概述

　　车联网是依据车辆位置、速度和路线等信息所构建的交互式的无线网络。通过GPS、RFID、传感器、摄像头图像处理等装置，依托车联网可以完成车辆自身环境和状态信息的采集，然后通过互联网和计算机技术，对这些信息进行分析和处理，计算出不同车辆的最佳路线，及时报告路况、天气并安排信号灯周期等，最终实现汽车、道路与人的有机互动，实现车辆和交通的智能化。

二、车联网系统的功能

　　依据车联网的使用情景，车联网系统的主要功能如下。
　　（1）近程车辆控制。车主通过手机可以对车辆无钥匙解锁、启动等，如图6-1-1所示。

（2）远程车辆控制。如图 6-1-2 所示，车主通过手机可以远程对自己爱车进行相应控制，如远程遥控启动、开启空调系统。

图 6-1-1 近程车辆控制　　　　　　　　**图 6-1-2 远程车辆控制**

（3）车辆语音控制。如图 6-1-3 所示，车主通过语音可以直接对车辆的相关功能进行控制，如开天窗、导航、听音乐、打电话、听收音机、发微信、回复微信等。

图 6-1-3 语音交互界面

（4）手机投屏 / 屏机互联功能。手机投屏 / 屏机互联功能可以将手机的海量应用投屏到多媒体，满足车主的各种应用需求。图 6-1-4 所示为车载娱乐系统。

图 6-1-4 车载娱乐系统

三、车联网系统的分类

依据车联网的功能，可将车联网系统分为以下几种。

（1）手机智能钥匙系统。手机智能钥匙系统通过App可以实现车钥匙的功能，对车辆进行远程控制、近程控制、投屏等，如图 6-1-5 所示。

（2）远程车辆控制系统。远程车辆控制系统主要是手机通过移动信号发送相应控制指令到车机实现对车辆的控制，同时车机通过移动信号可以将车辆的位置及状态信息发送到手机，车主可以随时进行查看，如图 6-1-6 所示。

图 6-1-5　车联网 App 界面

手机App　　　　云端服务器　　　　多媒体导航系统（车机）

图 6-1-6　远程移动信号交互

（3）近程车辆控制系统。近程车辆控制系统主要是手机与车机通过蓝牙进行通信，手机发送相应控制指令到车机，实现对车辆的控制，同时，车机将车辆的状态反馈给手机，如图 6-1-7 所示。

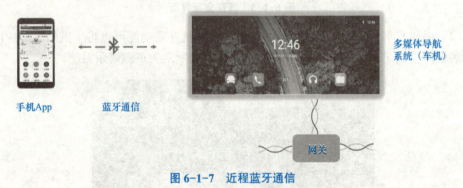

手机App　　　　蓝牙通信　　　　多媒体导航系统（车机）

图 6-1-7　近程蓝牙通信

（4）本地语音车辆控制系统。本地语音车辆控制系统主要是通过车载麦克风等部件将车主语音信息转换成控制模块可以识别的指令，实现对车辆相应功能的控制，如图 6-1-8 所示。

图 6-1-8　语音控制流程

（5）手机投屏 / 屏机互联系统。手机投屏 / 屏机互联系统主要是手机通过 5G 频段 WiFi 或数据线与车机互联，实现手机应用的投屏功能，如图 6-1-9 所示。

手机App　　互联投屏　　　　　　　　　　　　　多媒体导航系统（车机）

网关

图 6-1-9　娱乐系统信息交互

 任务实施

一、实操目标
（1）能够实物认知车联网的功能。
（2）能够实物认知车联网各种系统的功能。

二、实施计划

项目	内容
时间安排	45 min
实操车型	具有智能网联系统车辆 1 台
设备与工具	万用表 1 个； 常用工具 1 套
注意事项	注意用电安全

三、实操任务

（1）车联网的功能：_____。

（2）实操车型的品牌：_____，型号：_____，VIN 码：_____，
年款：_____。

（3）实操车型具有的智能网联系统：_____。

（4）实操车型打开车门、启动车辆的方式：_____。

（5）对应实车认知智能网络系统的组成，从远程控制到近程控制，以及通过语音
控制，将所涉及的网联系统按照顺序记录下来。

_____

_____

_____

_____

_____

_____

_____

_____

心得体会

_____

_____

_____

_____

_____

_____

_____

_____

微课：车联网　　　　实操：车联网

任务 2

空调系统的认识

 **任务引导**

空调系统可使车内空间获得具有一定温度、湿度和洁净度的空气，以满足使用者的要求和改善驾驶条件。空调系统如此重要，它的系统组成是什么，又是如何调节温度的，这就是本任务需要了解的内容。

任务描述

通过本任务的学习，了解空调系统的功能、组成及工作原理，掌握出风模式及风门控制的基本原理，为后续的应用场景学习打下坚实的基础。

任务目标

1．养成刻苦钻研、精益求精的工匠精神。
2．能描述空调系统的功能、组成及工作原理。
3．能描述风门控制的基本原理。

 **任务准备**

一、空调系统概述

汽车空调是汽车空气调节的简称，其功能包括调节车内的温度、湿度、气流速度、洁净度等指标参数，从而为人们创造清新舒适的车内环境。

汽车空调系统主要由空调压缩机、冷凝器、蒸发器、膨胀阀、储液干燥器、管道、冷凝风扇、鼓风电机和控制单元等组成。

二、空调系统的功能

（1）调节车内的温度。空调系统在冬季时用其采暖装置升高车厢内的温度。在夏季，车内降温由制冷装置完成。

（2）调节车内的湿度。通过冷热控制调节翻板，调节驾驶室温度的同时也达到调节空气湿度的目的。

（3）调节车厢内空气的流速。空气的流速和方向对人体的舒适性影响很大。气流速度偏大，使人不舒服。根据人体的生理特点，头部对冷风比较敏感，脚部对热比较敏感，因此，在布置空调出风口时，应让冷风吹到乘员头部，暖风吹到乘员脚部。

（4）过滤净化车内的空气。由于车内空间小，乘员密度大，车内极易出现缺氧和二氧化碳浓度过高的情况；汽车发动机废气中的一氧化碳和道路上的粉尘、野外有毒的花粉都容易进入车内，造成车内空气污浊，影响乘员的身体健康，因此，要求汽车空调系统必须具有补充车外新鲜空气、过滤和净化车内空气的功能。

三、空调系统的分类

1. 按驱动方式分

（1）独立式空调系统。专用一台发动机驱动压缩机，制冷量大，工作稳定，但成本高，体积及质量大，多用于大、中型客车。

（2）非独立式空调系统。空调压缩机由汽车发动机驱动，制冷性能受发动机工作影响较大，稳定性差，多用于小型客车和轿车。

2. 按空调性能分

（1）单一功能型空调系统。将制冷、供暖、通风系统各自安装，单独操作，互不干涉，多用在大型客车和载货汽车上。

（2）冷暖一体式空调系统。制冷、供暖、通风共用鼓风机和风道，在同一控制板上进行控制，工作时可分为冷暖风分别工作的组合式和冷暖风可同时工作的混合调温式。轿车多用混合调温式。

3. 按操作控制方式分

（1）手动式空调系统。拨动控制板上的功能键对温度、风速、风向进行控制。

（2）电控式空调系统。取消传统的机械拉索。

4. 按温度调节方式分

（1）手动调节空调系统。

（2）半自动调节空调系统。利用传感器信号及预调信号控制调节机构工作。

（3）微机控制的全自动调节空调系统。以微机为控制中心，实现对车内空气环境进行全方位、多功能的最佳控制和调节。

四、空调制冷系统

1. 空调制冷系统组成

空调制冷系统由压缩机、蒸发箱、冷凝器、散热风扇等组成。

2. 空调制冷系统原理

空调制冷系统采用一定的制冷剂（现常用的是 R134a）对它进行处理。制冷剂的循环过程：当压缩机对处于气态的制冷剂进行压缩时，气态制冷剂压力升高，温度升高，变成高温高压的气体，再进入冷凝器。高温高压气体通过冷凝器向外散出热量，变为高压中温的液体。高压中温的液体通过膨胀阀变为低温低压的雾状液体。低温低压的雾状液体或气体进入蒸发器，从外界吸收热量变为低温低压的气体。低温低压的气体被压缩机吸入又进行压缩变为高温高压的气体。如此就完成了一个循环，也就完成了把汽车车厢内的热量转移到车外的过程，如图 6-2-1 所示。

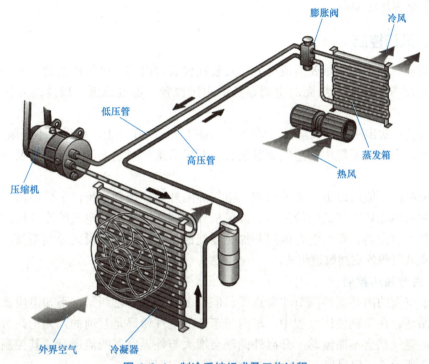

图 6-2-1　制冷系统组成及工作过程

空调制冷循环具体包括压缩过程、冷凝过程、节流膨胀过程和蒸发过程。

（1）压缩过程。低温低压的气态制冷剂被压缩机吸入，并压缩成高温高压的制冷剂气体。该过程的主要作用是压缩增压，以使气体液化。这一过程是以消耗机械功作为补偿的。在压缩过程中，制冷剂状态不发生变化，而温度、压力不断上升，形成过热气体。

（2）冷凝过程。制冷剂气体由压缩机排出后进入冷凝器。此过程中，制冷剂的状态发生改变，即在压力和温度不变的情况下，其由气态逐渐向液态转变。冷凝后的制冷剂呈高温高压液态。

（3）节流膨胀过程。高温高压的制冷剂液体经膨胀阀节流降压后进入蒸发器。该过程的作用是使制冷剂降温降压、调节流量、控制制冷能力。制冷剂经过膨胀阀时，压力、温度急剧下降，由高温高压液体变成低温低压液体。

（4）蒸发过程。制冷剂液体经过膨胀阀降温降压后进入蒸发器，吸热制冷后从蒸发器出口被压缩机吸入。此过程中，制冷剂状态由液态变成气态，此时压力不变。节流后，低温低压液态制冷剂在蒸发器中不断吸收气化潜热，即吸收车内的热量又变成低温低压的气体，该气体又被压缩机吸入再进行压缩。

在空调制冷循环过程中，管道内的制冷剂随压力与温度的变化而呈现四种状态，分别是高温高压气态、中高温高压液态、低温低压液态与中低温低压气态。

管道内制冷剂也可以分为两种不同的特质状态：气态与液态。蒸发器与冷凝器内都有可能有液体、气体的制冷剂存在。注意，进入压缩机内的制冷剂必须是气态的，否则可能会损坏压缩机。

五、风门控制

风箱是空调系统的重要组成部分，安装在仪表台内部，风箱控制的功能是控制风门的打开位置和角度，从而对空调系统的出风位置、温度高低，以及内外循环进行控制。

从蒸发器吹出来的是又湿又冷的空气，如果直接吹在身上，感觉并不舒服。因此，这就需要汽车空调系统中的空气调节装置（配风系统）对它的温度、湿度及方向进行调节。

配风系统一般由以下三部分构成：空气的内外循环控制系统，主要由用来控制新鲜空气和室内循环空气的切换风门、鼓风机和空调滤网组成；空气的冷热风门控制系统，主要由蒸发器、空气混合风门和加热器组成；空气的出风模式控制系统，主要由模式切换风门和各支路风道组成。

1. 内外循环控制

汽车空调的内外循环调节非常重要。但很多人对此非常纠结，不知道应该如何使用内外循环。在车辆使用过程中，车内与车外的空气始终是互通的，无论是否打开空调系统，空气都会不断流动。开启外循环会增大与外界空气的流通量，其控制过程如图 6-2-2 所示；开启风扇，则会加快空气交换流通速度。

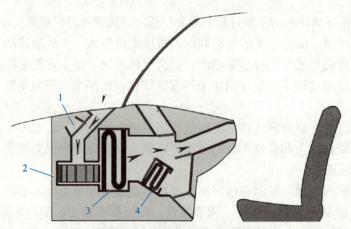

图 6-2-2　外循环控制过程
1—内外循环控制翻板；2—鼓风机；3—蒸发器；4—暖风水箱

当外部环境非常好时，使用外循环模式可让车内充满新鲜空气，提升车内空气质量；如果外部环境非常恶劣，如灰尘、雾霾或在交通堵塞路段，使用外循环模式，则会将汽车废气、沙尘等吸入车内，导致车内空气质量下降，影响乘坐的舒适性，所以当行驶在塞车路段时，尽量不要使用外循环模式。

内循环与外循环完全相反，汽车内外的空气流通量处于最小的状态，大部分空气是来自车内，不断重复再利用，这样夏天可以迅速降低车内温度，冬天能够发挥保暖恒温作用。但内循环也是有缺点的，车内空气不断循环利用，时间长了空气品质会下降。

2. 冷热风门控制

可通过调节冷热风门的不同位置实现不同温度及湿度的调节。当风门调至最冷位置时，空气不经过暖风水箱；当风门调至最热位置时，空气完全通过暖风水箱，如图 6-2-3 所示。

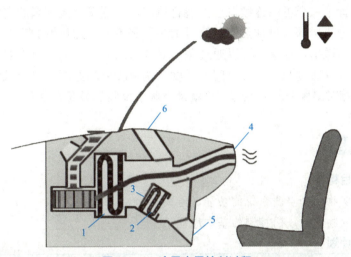

图 6-2-3　冷风出风控制过程
1—蒸发器；2—暖风水箱；3—冷热风控制翻板；4—吹脸出风口；5—吹脚出风口；6—除霜出风口

在最冷与最热位置的转换中，空调控制面板上有一个旋钮，一边是蓝色，一边是红色。当位于蓝色位置时，暖风水阀关闭，暖风水箱中不再流通热水。有些车型的暖风水箱管路中没有此阀门，如果风门关闭不严，就会造成空调不制冷等问题，如图 6-2-4 所示。

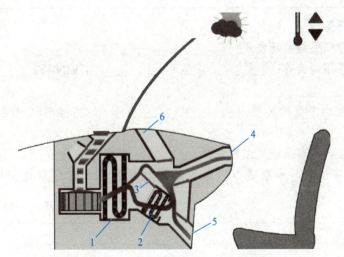

图 6-2-4　冷热混合风门控制过程
1—蒸发器；2—暖风水箱；3—冷热风控制翻板；4—吹脸出风口；5—吹脚出风口；6—除霜出风口

3. 出风模式控制

在冷热混合位置，风门开启一定的角度，空气一部分通过暖风水箱。

由于空调系统的冷风只能降温、除湿，不能调节送风的相对湿度。在夏季，风机抽入外界的湿热空气，经过蒸发器的冷却、除湿，变成冷风送入车内，这种冷风相对湿度在 95% 以上。冷而湿的风直接吹到身上会让人不适，因此，必须在冷风吹出之前降低其相对湿度。简单的办法就是将冷却除湿后的空气适当地再加热，即在蒸发器和加热器之间设置了一个可以连续调节的混合风门，从蒸发器流出来的空气可以随混合风门的开启部分或全部通过加热器，流过加热器和不流过加热器的空气在空调器内先混合，再经风门送出。夏季，可以通过调节混合风门的开度来调节冷湿空气的再加热程度；冬季，可以通过调节混合风门的开度来调节暖风的温度。混合风门的设置可大大提高对空气相对湿度的调节能力。这就是空调系统调节湿度的原理。

一、实操目标

（1）能够实物认知空调系统的功能、组成。

（2）能够实物认知风门控制的基本原理。

二、实施计划

项目	内容
时间安排	45 min
实操车型	汽油机车辆 1 台
设备与工具	万用表 1 个； 常用工具 1 套
注意事项	注意用电安全

三、实操任务

（1）汽车空调系统的功能：_____。

（2）实操车型的品牌：_____，型号：_____，VIN 码：_____，年款：_____。

（3）汽车空调系统的类型：_____，实操车辆的空调系统属于_____类型。

（4）汽车空调冷却系统的组成包括_____。

（5）从压缩过程、冷凝过程、节流膨胀过程和蒸发过程口述空调系统的工作原理。

_____

_____

_____

_____

_____

_____

_____

（6）对应实车认知空调系统零部件的组成，从汽车机舱内到机舱外，将所经过的空调安全系统按照顺序记录下来。

_____

_____

_____

_____

_____

_____

_____

_____

_____

心得体会

_____

_____

_____

_____

_____

_____

_____

微课：空调系统

实操：空调系统

任务 3

通信数字信号的识别

任务引导

随着汽车内部电控系统的日益复杂，以及对汽车内部控制单元相互之间通信能力要求的日益增长，采用点对点连线，就需要大量的线束。传统构建汽车内部通信的方式在电线布置、可靠性及质量等方面都给汽车的设计和制造带来了很大的困扰，因此，电子控制系统间的数据通信越发重要。通信数字信号都有哪些？它们之间有什么区别？这是本任务需要了解的内容。

任务描述

通过本任务的学习，了解通信数字信号的基础知识，掌握通信数字信号的类型、特点及识读，为后续的应用场景学习打下坚实的基础。

任务目标

1. 养成善于分析研究和独立思考的能力。
2. 能描述三种信号的区别。
3. 能识读通信数字信号。

任务准备

一、通信数字信号基础知识

1. 通信数字信号识别方法

（1）单线传输数字信号识别方法。单线传输信号（如 LIN 网络），控制模块通过识别电平的高低来判断信息含义，如图 6-3-1 所示。

当电平高于某设定值时，认为是"1"；当电平低于某设定值时，认为是"0"。通过识别电平高低和时间宽度，模块

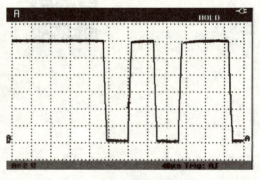

图 6-3-1　LIN 网络传输信号

即可判断这组信号的"1"和"0"组合。

如图 6-3-2 所示，如果将第一个低电平点作为信号的起始，每 40 μs 是一位数据，则这组信号是一个由"010110……"等数字组成的数字信号。

（2）双线传输数字信号识别方法。如图 6-3-3 所示，双线传输数字信号（如 CAN 网络），控制模块通过识别两根数据线的电平差来判断信息含义。

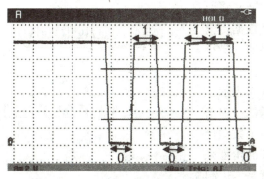

图 6-3-2　LIN 网络传输数字信号识读

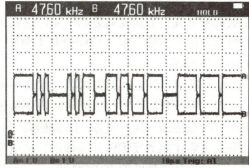

图 6-3-3　CAN 网络传输数字信号

如图 6-3-4 所示，黑色波形的峰值电压为 3.5 V，谷值电压为 2.5 V；蓝色波形的峰值电压为 2.5 V，谷值电压为 1.5 V。

在 CAN 网络中，通过计算同一时刻两根数据线的电平差（高电平与低电平的差），来判断数据结果：

电平差 > 1.5 V，识别为"0"；

电平差 < 0.5 V，识别为"1"。

由此可知，当两根数据线的电压分别为 3.5 V 和 1.5 V 时，此时数据为"0"，当两根数据线的电压均为 2.5 V 时，此时数据为"1"。

如图 6-3-5 所示，如果将左侧第一个 0 作为信号的起始，大约每 2 μs 是一位数据，则这组信号是一个由"001000001011110001……"等数字组成的数字信号。

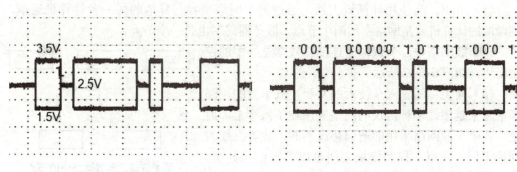

图 6-3-4　CAN 网络传输数字信号识读　　　　**图 6-3-5　CAN 网络传输数字信号数据**

2. 车载网络通信术语

（1）位，字节，帧。计算机中采用二进制数来进行数据信息的传递，常用的数据单位有以下几种。

①位（bit）。位是指二进制数中的一位数，即 0 或 1，也称比特（bit）。它是计算机存储数据的最小单位。

②字节（byte）。8 位二进制数为一个字节，缩写为 B。字节是存储或传输数据的基本单位。存储容量单位还有千字节（KB）、兆字节（MB）、吉字节（GB），它们之间的换算关系为 1B ＝ 8 bit，1 KB ＝ 1 024 B，1 MB ＝ 1 024 KB，1 GB ＝ 1 024 MB。

③帧（Frame）。为了可靠地传输数据，通常将原始数据分割成一定长度的数据单元，这就是数据传输的单元，称其为帧。最大的帧值是 1 518 字节，最小的帧值是 64 字节。

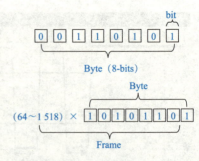

图 6-3-6　位、字节、帧之间的关系

位、字节、帧之间的关系可用图 6-3-6 来表示。

（2）串行数据。串行数据是按顺序传送的一串信息，一次只传送一项，也称一个数据流。一个数据传输完成之后才能继续传输其他数据。从电气的角度来说，它是由从高到低的电压信号组成，也就是二进制数字 0 和 1。

（3）传输速度。传输速度是指网络信号的传送速率，单位为"bps"或"bit/s"，这里的 bit 表示"位"，一位即表示二进制数中的一个，即"0"或"1"。

① LIN 传输速度。LIN 网络的传输速度是 19.6 kbps。

② CAN 传输速度。CAN 依据传输速度的不同，通常分为以下三种：低速 CAN（LS-CAN）网络的传输速度是 33.3 kbps；中速 CAN（MS-CAN）网络的传输速度是 125 kbps；高速 CAN（HS-CAN）网络的传输速度是 500 kbps。

（4）通信协议。通信协议是指通信双方控制信息交换规则的标准及约定的集合，即指数据在总线上的传输规则。在汽车上，要实现各控制模块之间的通信，必须制定规则，即通信的方法、通信时间、通信内容，保证双方通信能相互配合，使通信双方共同遵守及接收的规定和规则。

（5）节点。当使用计算机上网，通过某个网络平台与异地的另一台计算机通信，则两端的计算机就是网络中的两个节点，服务器终端也是一个节点。

在车载网络中，节点即为连接在数据总线中的控制模块，如图 6-3-7 所示。

（6）网关。随着汽车技术的发展，汽车上的控制模块越来越多，多种协议的网络应用在了汽车上。但是，各个车载网络采用的通信协议不同，或者总线的网速不同，所以，控制模块之间难以实现信息共享。网关的作用就是在不同的通信协议或不同网速总线的模块之间进行通信时建立连接和信息解码，重新编译，将数据传输给其他系统。为了

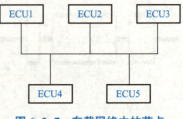

图 6-3-7　车载网络中的节点

使采用不同协议及网速的数据总线间实现无差错数据传输，必须要用一种特定的控制模块，那就是网关（Gateway）。

如果同一网络模块太多，容易导致通信堵塞，往往会把网络分成多组，每组之间

的模块交换信息也必须通过网关模块。其还有另一个优势是，如果一组网络出现故障导致通信中断，另一种网络可以正常通信。正因为有如此多的优点，目前五菱汽车也开始大量使用网关模块。

如图 6-3-8 所示，A 总线与 B 总线属于两个不同的网络。A 总线上各个节点可以直接通信，但 A 总线上的节点无法直接与 B 总线的任何节点通信，即使它们之间有连接线路。

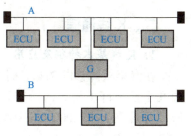

图 6-3-8　车载网络中的网关

此时需要借助网关 G 作为两个网络之间的连接器，以完成协议转换，从而实现跨总线之间的信号共享。节点 G 既属于 A 总线上的节点，又属于 B 总线上的节点。

（7）数据总线。数据总线是控制模块之间传递数字信号的通道，即信息高速公路。车载网络中的数据总线类似于计算机网络中的"网线"，如图 6-3-9 所示。数据总线可以实现在一组数据线上传递的信号同时被多个控制模块共享，从而最大限度地提高系统整体效率，充分利用有限的资源。

图 6-3-9　车载网络中的数据总线

在车载网络中，数据总线可以是一根线（如 LIN 网络），也可以是两根线（如 CAN 网络）。

（8）终端电阻。如图 6-3-10 所示，数据终端为电阻，每一端阻值为 120 Ω。其用来防止数据像波一样振荡，破坏整个系统。

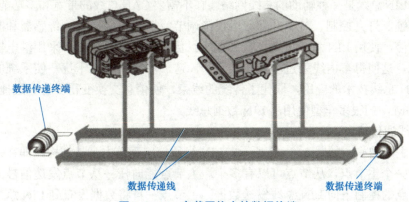

数据传递终端

数据传递线

数据传递终端

图 6-3-10　车载网络中的数据终端

二、K 线通信

1. K 线基本特征及应用

在汽车故障诊断领域，针对诊断设备和汽车 ECU 之间的数据交换，各大汽车公司几乎都制订了相关的标准和协议。其中，欧洲汽车领域广泛使用的一种车载诊断协议标准是 KWP2000，该协议实现了一套完整的车载诊断服务，并且满足 E-OBD（European On-Board Diagnostics）标准。KWP2000 全称为 Keyword Protocol-2000，即车载诊断协议 2000，它是 ISO 标准 ISO 14230 的工作名称。

KWP2000 是基于 K 线的诊断协议，通过 K 线对某个控制单元进行查询，使得 K 线、测试仪和控制单元可进行数据交换。换句话说，通过 K 线数据被双向传送（从测试仪到控制单元，以及从控制单元到测试仪）。因此，该系统采用 K 线的通信方式。由于 K 线只是一根线，而 PC 机与控制单元都要向对方发出信息，因此此线可称为 UART 通用异步接收 / 发射通信，也称半双工串行通信。

2. 工作原理

ISO 14230 网络采用一种独特的协议（语言）进行通信。ISO 14230 协议包括电脉冲信号。根据信息信号的电压值，信息被转换为数字"1"或"0"。示波器中的信号显示如图 6-3-11 所示。

电压超过蓄电池电压 70% 的信号被控制模块编译为逻辑"1"。

电压低于蓄电池电压 30% 的信号被控制模块编译为逻辑"0"。

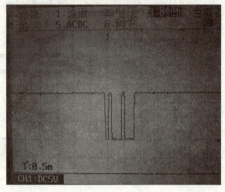

图 6-3-11 示波器中的信号显示

三、LIN 线通信

LIN（Local Interconnect Network）是一种低成本的串行通信网络，用于实现汽车中的分布式电子系统控制。LIN 的目标是为现有汽车网络（如 CAN 总线）提供辅助功能，因此 LIN 总线是一种辅助的总线网络。在不需要 CAN 总线的带宽和多功能的场合，如中央门锁、灯光控制、玻璃升降、后视镜调节、天窗控制、智能传感器和制动装置之间的通信，使用 LIN 总线可大大节省成本。传统的控制系统大多采用继电器和独立模式控制，这使得车内线束过多且布线复杂，造成严重的电磁干扰，使系统的可靠性下降。LIN 总线技术的应用，取代了传统的线束，使信息交换变得安全、迅捷、高效。目前，SGMW 的很多车型使用了 LIN 数据总线。

LIN 线通信特点：

（1）主从结构。如图 6-3-12 所示，LIN 线通信属于单主多从结构，即在一组网络中，只有一个主节点，从节点可以有多个。主节点能向任一从节点发送信号；从节点仅在主节点的控制下向 LIN 总线发送数据；主节点一旦将数据发布到 LIN 总线上，任何节点都可以接收该数据，但只有一个节点允许回应。

（2）单线传输。LIN 使用单根非屏蔽导线作为数据总线连接主节点与任何一个从节点，如图 6-3-13 所示。总线不与诊断仪连接；总线的最长允许长度为 35 m；连接在总线上的从节点数量一般不超过 16 个。节点过多将减少网络阻抗，会导致环境条件变差。

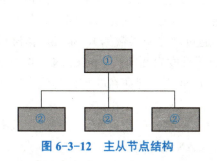

图 6-3-12　主从节点结构

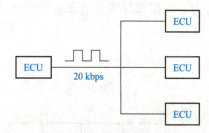

图 6-3-13　信号单线传输

（3）偏压驱动。主从节点之间使用电压的高低变化表示数据信息的含义（逻辑数据"0"和"1"），如图 6-3-14 所示。LIN 总线的电压范围为 0 ～ 12 V。

（4）低速传输。LIN 线通信的传输速度接近 20 kbps。相对于 CAN 而言，这属于"低速"传输，如图 6-3-15 所示。因此，LIN 线通信并不适用于高速率的系统控制（如发动机控制）。

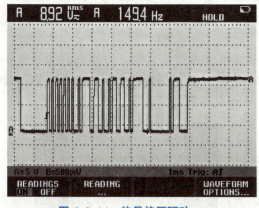

图 6-3-14　信号偏压驱动

图 6-3-15　信号低速传输

（5）容错特性。如图 6-3-16 所示，LIN 在出现以下故障时，则无容错能力：总线接地；总线断路；主节点故障。

图 6-3-16　信号容错特性

如果节点损坏处或其支路处断路，则其他从节点与主节点的通信不受影响。

四、CAN 通信

现代汽车，单纯依靠某一模块完成某一功能是不可能的，各模块必须配合才能完成。为了很好地配合，它们之间必须共享或交换数据。ECU 间所有的信息最多通过两条数据线传输。所有的数据只需两条 CAN 线，通过 CAN 线完成双向信息共享。CAN 是 Controller Area Network 的缩写（控制单元通过网络交换数据），是 ISO 国际标准化的串行通信协议。1986 年，德国电气商博世公司开发出面向汽车的 CAN 通信协议。此后，CAN 通过 ISO 11898 及 ISO 11519 进行了标准化，现在在欧洲已是汽车网络的标准协议。

CAN 的高性能和可靠性已被认可，因此 CAN 得以广泛运用。上汽通用五菱汽车股份有限公司（SGMW）很多车型已经应用了 CAN 数据总线。

CAN 网络主要负责车辆模块间的数据交换，能够实现各控制模块之间的信息共享。CAN 网络的数据传输特点包括多主结构、双绞线总线、压差驱动、高速传输和容错特性等。

1. 多主结构

CAN 网络采用多主结构通信（图 6-3-17）。CAN 总线上各节点之间没有主从之分，任一节点都可向其他节点发送信息。当 CAN 总线空闲时，所有的节点都可开始发送消息，但必须先访问 CAN 总线；当多个节点同时开始发送时，由优先权决定先后。

2. 双绞线总线

如图 6-3-18 所示，CAN 网络采用双绞线作为数据总线，以增加总线的抗干扰能力。两根双绞线分别命名为 CAN H 和 CAN L，它们每相隔 25 mm 绞接一次；此双绞线允许的总长度为 30 m（25 m 接节点，5 m 接诊断仪）。

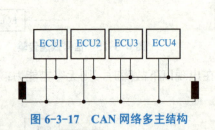

图 6-3-17　CAN 网络多主结构

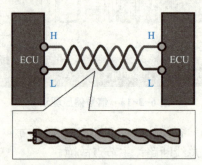

图 6-3-18　CAN 网络双绞线总线

3. 压差驱动

CAN 网络采用电平差的方式识别通信数字信号，从而判断所传输的信息的含义。如图 6-3-19 所示，此为 CAN 总线的电压波形，CAN H 与 CAN L 形成了对称的阵列布置方式。

CAN H 的电压在高位时为 3.5 V，在低位时为 2.5 V。

CAN L 的电压在高位时为 2.5 V，在低位时为 1.5 V。

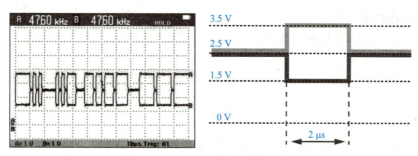

图 6-3-19　CAN 网络通信数字信号

4. 容错特性

当 CAN 总线或节点出现故障时，网络依然具有一定的信号传输能力。当节点出现严重故障时，可以自动关闭输出功能，以使总线上其他节点的操作不受影响；当 CAN 总线出现故障时，视严重程度而表现不一，轻则不影响信号传递，重则网络瘫痪，如图 6-3-20 所示。

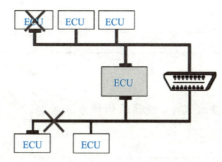

图 6-3-20　CAN 网络容错特性

任务实施

一、实操目标

（1）能够实物认知通信数字信号的区别。

（2）能够实物认知指定通信数字信号的识别。

二、实施计划

项目	内容
时间安排	45 min
实操车型	汽油机车辆 1 台
设备与工具	万用表 1 个； 常用工具 1 套
注意事项	注意器件接口的规范拔插

三、实操任务

（1）通信数字信号的识别方法：＿＿＿＿＿＿＿＿＿＿＿＿＿＿＿。

（2）实操车型的品牌：＿＿＿＿＿＿＿，型号：＿＿＿＿＿＿＿，VIN 码：＿＿＿＿＿＿＿＿＿，年款：＿＿＿＿＿＿＿＿。

（3）数字信号中的位、字节、帧的关系：＿＿＿＿＿＿＿＿＿＿，说明网关、节点、通信协议的含义：＿＿＿＿＿＿＿＿。

（4）完成指导老师指定的单线传输数字信号识别。

＿＿＿

＿＿＿

＿＿＿

＿＿＿

（5）完成指导老师指定的双线传输数字信号识别。

＿＿＿

＿＿＿

＿＿＿

＿＿＿

（6）说明 K 线、LIN 线和 CAN 线通信的特点、区别。

＿＿＿

＿＿＿

＿＿＿

＿＿＿

心得体会

＿＿＿

＿＿＿

＿＿＿

＿＿＿

微课：车载通信

评价任务	评价内容	评价标准	评价等级		
			自评	组评	师评
信息收集（10分）	专业资料准备（10分）	1. 能根据任务，熟练查找资料，较全面地获取所需要的专业资料。（8～10分） 2. 熟练查找资料，能部分获取所需要的专业资料。（5～7分） 3. 没有查找专业资料或资料极少。（0～4分）			
实际操作（70分）	着装和工器具选用（15分）	1. 合理着装，合理选取工器具，合理布置工作现场。（12～15分） 2. 未合理着装，未合理选取工器具，合理布置工作现场。（9～11分） 3. 未合理着装，未合理选取工器具，未合理布置工作现场。（0～8分）			
	车联网系统的认识（20分）	1. 能全面认识车联网各系统的功能，内容记录完整。（16～20分） 2. 能部分认识各系统的功能，存在2项以内错误，内容记录部分完整。（12～15分） 3. 填写不完整，存在3项以上错误，内容记录不完整。（0～14分）			
	空调系统的认识（20分）	1. 能全面认识空调系统及其工作原理，内容记录完整。（16～20分） 2. 能部分认识空调系统及其工原理，存在2项以内错误，内容记录部分完整。（12～15分） 3. 填写不完整，存在3项以上错误，内容记录不完整。（0～14分）			
	通信数字信号的识别（15分）	1. 能全面认识通信数字信号的类型、特点及识读，内容记录完整。（12～15分） 2. 能部分认识通信数字信号的类型、特点及识读，存在2项以内错误，内容记录部分完整。（9～11分） 3. 填写不完整，存在3项以上错误，内容记录不完整。（0～8分）			

续表

评价任务	评价内容	评价标准	评价等级		
			自评	组评	师评
基本素质（20分）	严谨细致（10分）	1. 能按要求进行细致操作。（8～10分） 2. 能完成操作，但过程中有遗漏步骤。（5～7分） 3. 不能按照要求完成操作。（0～4分）			
	遵章守纪（10分）	1. 能完全遵守实训管理制度和劳动纪律，无违纪行为。（8～10分） 2. 能遵守实训管理制度，迟到/早退1次。（5～7分） 3. 违反实训管理制度，或旷课1次。（0～4分）			
总成绩		备注　总成绩＝自评分×0.2＋组评分×0.3＋师评分×0.5			

课程素质案例

中国新能源汽车热销巴西市场

项目 **7**
纯电动动力系统

 情景描述

王先生是北汽新能源 EV 系列一款车型的车主,今日来店做维护保养。据王先生反映,车辆偶尔报告动力电池故障,充电时有时需要多次插拔充电枪才能充电。他希望维修技师能够重点检查车辆动力系统情况。维修技师接受了此项任务,对该车的动力电池管理系统、充电系统进行检测,最终诊断出故障并予以排除。

 **项目概述**

本项目主要讲述纯电动汽车电控技术的基础知识,是后续课程中进行相关试验、检测与维修的必备知识。通过学习和掌握纯电动动力系统的组成和功能,可明确、清晰地了解电控技术在动力电池管理、控制及充电中的作用。

项目目标

1. 具有良好的环保意识和安全意识。
2. 具有良好的质量意识和服务意识。
3. 具有社会责任感和社会参与意识。
4. 具有良好的信息素养和创新思维。
5. 掌握动力电池管理系统的各功能及工作原理。
6. 掌握 DC/DC 变换器的故障现象及功能检测方法。
7. 掌握动力电池充电系统的功能及工作原理。
8. 掌握电机驱动系统的控制策略及工作原理。

任务 1

动力电池管理系统的认识

 **任务引导**

动力电池管理系统可以对电池组进行安全监控及有效管理，提高电池的使用效率，达到增加续航里程、延长使用寿命、降低运行成本的目的，进一步提高电池组的可靠性，对于电动汽车的整车控制、安全管理，以及提高可靠性具有重要意义。动力电池管理系统的功能有哪些？工作原理又是什么？这是本任务需要了解的内容。

任务描述

通过本任务的学习，了解纯电动动力系统的组成，掌握动力电池管理系统的功能和组成，探究各功能实现的原理，为后续的应用场景学习打下坚实的基础。

任务目标

1. 具有较强的环保意识和安全意识。
2. 能描述动力电池管理系统的功能。
3. 能描述实现各功能的工作原理。

任务准备

一、纯电动动力系统功能概述

1. 电能的供给与存储功能

纯电动动力系统可以给电动汽车的电机驱动系统及车身其他高压和低压电气元件供电或断电，还可通过车载充电机或直流快充口实现电能的充入存储。

2. 管理及诊断功能

动力电池供电系统的设计不仅要满足整车的动力要求，还要考虑动力电池供电系统自身的安全及管理等方面的要求。

如图 7-1-1 所示，在工作条件满足时，纯电动动力系统的主要供给功能体现在以下几个方面：为驱动电机控制模块（MCU）提供工作电源，作为电机的动力源；为DC/DC 转换器提供电源，高压电经 DC/DC 转换器降压后给全车低压用电设备供电，同时给低压蓄电池充电；给空调压缩机、空调暖风加热器 PTC 等车身高压用电设备供电等。

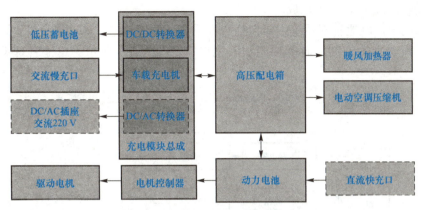

图 7-1-1　纯电动动力系统能量流

二、动力电池管理系统的含义

电池管理系统（BMS）是指对电池进行监控和管理的系统。它是通过对电压、电流、温度及 SOC 等参数采集、计算，进而控制电池的充放电过程，实现对电池的保护，提升电池综合性能的管理系统，是连接车载动力电池和新能源汽车的重要纽带。对于新能源汽车而言，通过该系统对电池组充放电的有效控制，可以增加续航里程，延长使用寿命，降低运行成本，保证动力电池组的安全性和可靠性。电池管理系统在汽车上一般以小盒子的形态出现，其外观如图 7-1-2 所示。

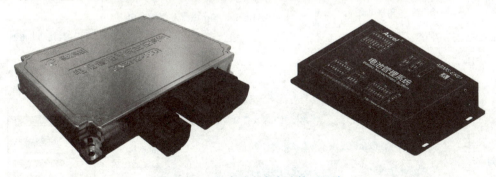

图 7-1-2　纯电动汽车电池管理系统

三、动力电池管理系统的基本构成和功能

电池管理系统的功能和用途是随着电动汽车技术的发展逐步完善起来的。最早的电池管理系统仅仅进行电池一次测量参数（电压、电流、温度等）的采集，之后发展到二次参数（SOC、内阻）的测量和预测，并根据极端参数进行电池状态预警。现阶段，电池管理系统除完成数据测量和预警功能外，还能通过数据总线直接参与汽车状态的控制。

典型的电池管理系统结构主要分为主控模块和从控模块。具体来说，其由中央处理单元（也称为主控模块）、数据采集模块、数据检测模块、显示单元模块、控制部件（如熔断装置、继电器）等构成。

在功能上，电池管理系统主要包括数据采集、电池状态计算、能量管理、安全管理、热管理、均衡控制、通信功能和人机接口。图 7-1-3 所示为电池管理系统功能示意。

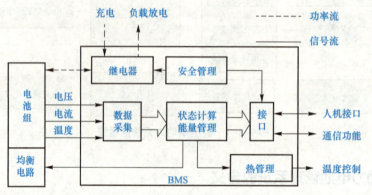

图 7-1-3　电池管理系统功能示意

四、动力电池管理系统的原理

电池管理系统的控制过程如图 7-1-4 所示。

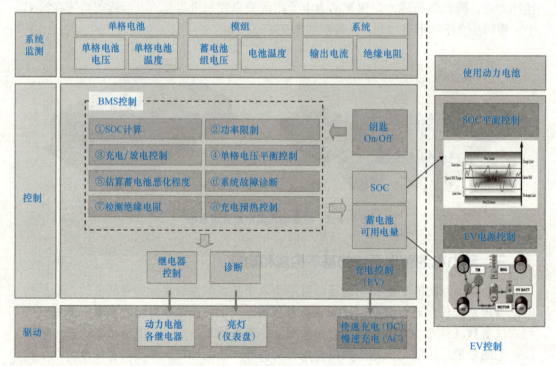

图 7-1-4　电池管理系统的控制过程

数据采集是电池监测管理的前提与基础，采样速率、精度是影响电池系统性能的重要指标，采样速率一般要求大于 200 Hz（5 ms）。

电池状态计算、能量管理包括电池组荷电状态（SOC）和电池组健康状态（SOH）两方面。SOC 用来提示动力电池组剩余电量，是计算和估计电动汽车续航里程的基础。SOH 用来提示电池组预计可用寿命等健康状态的参数。

安全管理用于监视电池电压、电流、温度是否超过正常范围，防止电池组过充过放。

热管理是在电池工作温度超高时进行冷却，低于适宜工作温度下限时进行电池加热，使电池处于适宜的工作温度范围内。

均衡控制是为了使各单体电池充放电的工作情况尽量一致，提高整体电池组的工作性能。

通信功能是通过电池管理系统不同的通信接口实现电池信息与车载设备或非车载设备的通信。

人机接口设置显示信息实现人机交互。

结合图 7-1-4，电池管理系统的主要工作原理可简单归纳：数据采集电路采集电池的电压、电流、温度等状态信息，由电子控制单元（ECU）进行数据处理和分析，电池管理系统根据分析结果对系统内的相关功能模块发出控制指令：电池温度太高，则热管理启动冷却系统；过充过放则启动均衡管理；安全管理实时监控安全状态，并控制相关继电器通断。以上这些均会由通信接口向外界传递参数信息。

五、数据采集方法

数据采集功能是电池管理系统中其他功能的基础和前提。其采集对象一般为电压、电流和温度。

数据采集由电池信息采集器（BIC）及采样线完成。采样线连接电池管理器（BMS）和电池信息采集器（BIC），实现两者之间的通信及信息交换。

1. 单体电压采集

电池单体电压采集是动力电池组管理系统中的重要一环，其性能的好坏或精度决定了系统电池状态信息判断的精确程度，并进一步影响后续的控制策略能否有效实施。常用的单体电压检测方法有继电器阵列法、恒流源法、隔离运放采集法等。

（1）继电器阵列法。如图 7-1-5 所示，继电器阵列法的电池电压采集电路由端电压传感器、继电器阵列、A/D 转换芯片、光耦、多路模拟开关等组成。如果需要测量 n 块串联成组电池的端电压，就需要 $n + 1$ 根导线引入电池组各节点中。

在所需要测量的电池单体电压较高且对精度要求也高的场合，最适合使用继电器阵列法。

（2）恒流源法。恒流源电路进行电池电压采集的基本原理：在不使用转换电阻的前提下，将电池端电压转化为与之呈线性变化关系的电流信号，以此间接采集电池电压。如图 7-1-6 所示，在设计过程中多选用集成运算放大器来达到高开环放大倍数，其结构简单，共模抑制能力强，采集精度高，具有很强的实用性。

（3）隔离运放采集法。隔离运算放大器是一种能够对模拟信号进行电气隔离的电子元件，广泛用作工业过程控制中的隔离器和各种电源设备中的隔离介质。其一般由输入和输出两部分组成，两者单独供电，并以隔离层划分，信号从输入部分调制处理后经过隔离层，再由输出部分解调复现。隔离运算放大器适用于电池单体电压采集，它能将输入的电池端电压信号与电路隔离，从而避免了外部干扰，可以提高单体电压采集的精度，可靠性强。虽然该电路性能优越，但是成本费用高，影响了它的应用的广泛性。

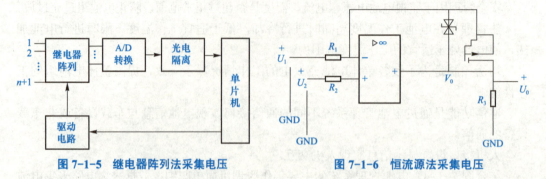

图 7-1-5　继电器阵列法采集电压　　　　图 7-1-6　恒流源法采集电压

2. 温度采集

温度对电池性能的影响是不可忽略的，如电池在低温环境下性能会出现明显的衰减，不利于能量的输出，而电池温度过高有可能引发热失控，形成安全隐患。因此，准确采集温度参数尤为重要。采集温度的关键在于如何选择合适的温度传感器。目前，常用温度传感器的原件有很多，如热电耦、热敏电阻、热敏晶体管、集成温度传感器等。常用方法有热敏电阻采集法、热电耦采集法、集成温度传感器采集法。

（1）热敏电阻采集法。热敏电阻采集法的原理是利用热敏电阻阻值随温度的变化而变化的特性，将一个定值电阻和热敏电阻串联起来构成一个分压器，从而把温度的高低转化为电压信号，再通过模/数转换得到温度的数字信息。虽然热敏电阻成本低，但是线性度不高，而且制造误差一般也较大。

（2）热电耦采集法。热电耦采集法的原理是双金属体在不同温度下会产生不同的热电动势，采集这个电动势的值就可以通过查表得到温度值。由于热电动势的值仅与材料有关，因此热电耦的准确度很高。但是由于热电动势都是毫伏等级的信号，因此需要放大，外部电路比较复杂。

（3）集成温度传感器采集法。由于温度的测量在日常生产、生活中的运用越来越广泛，因此半导体生产商推出了许多集成温度传感器。这些温度传感器虽然很多都是基于热敏电阻式的，但在生产过程中进行了校正，因此，精度可以媲美热电耦，而且直接输出数字量，很适合在数字系统中使用。由于批量生产，因此其价格也非常低。

3. 电流采集

电池充放电电流大小对电池管理具有重要意义，可用于电量管理和功率估算、防止过充及过放电，是电池工作过程中的重要参数，因此需要对电流信号进行测量和实时监控。常用的电流采集方法有分流器采集、互感器采集、霍尔元件电流传感器采集和光纤传感器采集 4 种，各种方法的特点见表 7-1-1。

表 7-1-1　电流采集的各种方法及特点

项目	分流器采集	互感器采集	霍尔元件电流传感器采集	光纤传感器采集
插入损耗	有	无	无	无
布置形式	需插入主电路	开孔、导线传入	开孔、导线传入	—
测量对象	直流、交流、脉冲	交流	直流、交流、脉冲	直流、交流
电气隔离	无隔离	隔离	隔离	隔离
使用方便性	小信号放大，需隔离处理	使用较简单	使用简单	—
适合场合	小电流、控制测量	交流测量、电网监控	控制测量	高压测量，电力系统常用
价格	较低	低	较高	高
普及程度	普及	普及	较普及	未普及

以上各种电流采集方法各有其优点及缺点：光纤传感器高昂的价格影响了其在控制领域的应用；分流器成本低，频响好，但使用麻烦，必须接入电流回路；互感器只能用于交流测量；霍尔元件电流传感器性能好，使用方便。目前，在电动车辆动力电池管理系统电流采集与监测方面应用较多的是分流器和霍尔传感器。

4. 烟雾采集

电动车辆在行驶或充电过程中可能由于电池本身问题，或电池过热、挤压、碰撞及其他外部原因导致电池出现冒烟或起火等极端事故，如果不能及时发现并得到有效处理，势必导致事故进一步扩大，对周围电池、车辆及车上人员构成威胁，严重影响到车辆运行的安全。烟雾采集多利用烟雾传感器。

烟雾传感器种类繁多，从检测原理上可将其分为以下三大类。

（1）利用物理化学性质的烟雾传感器，如半导体烟雾传感器、接触燃烧烟雾传感器等。

（2）利用物理性质的烟雾传感器，如热导烟雾传感器、光干涉烟雾传感器、红外烟雾传感器等。

（3）利用电化学性质的烟雾传感器，如电流型烟雾传感器等。

由于烟雾的种类繁多，一种类型的烟雾传感器不可能检测所有的气体，通常只能检测某一种或某几种特定性质的烟雾。电池燃烧一般会产生大量 CO 和 CO_2，因此可以选择对这两种气体敏感的烟雾传感器。

六、动力电池电量及均衡管理

动力电池电量及均衡管理是电池管理的核心内容之一，对于整个电池状态的控制、电动车辆续航里程的预测和估计具有重要意义。电池荷电状态（SOC）是指电池剩余电量，是防止动力电池过充和过放的主要依据，只有准确估算电池组的 SOC 才能有效提高动力电池组的利用效率，保证电池组的使用寿命。

1. 准确估计 SOC 的作用

（1）保护蓄电池。过充电和过放电都可能对蓄电池产生永久性的损害，严重影响蓄电池的使用寿命。只要提供准确的剩余电量，使 SOC 控制在 20% ～ 80%，就可以有效防止电池过充电或过放电，从而保证电池正常使用，延长电池寿命。

（2）提高整车性能。若没有准确的 SOC 值，为保证电池的安全使用，整车控制策略就会保守使用电池，防止电池过充电或过放电出现。这样就不能充分发挥电池的性能，这在一定程度上会降低整车的性能。

（3）降低对动力电池的要求。在准确估算 SOC 的前提下，电池的性能可以被充分发挥，电池设计性能的余量可大大减小。

（4）提高经济性。选择较低容量的动力蓄电池组可以降低整车的制造成本。同时，由于提高了系统的可靠性，后期的维护成本也可大大降低。

2. SOC 的估算方法

SOC 的估算方法有开路电压法、容量积分法、电池内阻法、模糊逻辑推理法和神经网络法、卡尔曼滤波法等多种方法。其中，开路电压法是最简单的估算方法，它主要根据电池组开路电压判断 SOC 的大小。

如图 7-1-7 所示，电池组的开路电压和电池的剩余容量存在一定的对应关系。随着电池放电容量的增加，电池的开路电压降低。因此，可以根据一定的充放电倍率时电池组开路电压和 SOC 对应曲线，通过测量电池组开路电压的大小，插值估算出电池的 SOC 值。

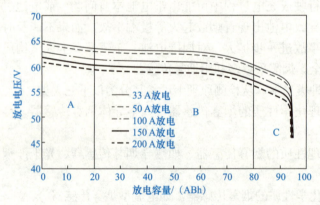

图 7-1-7　放电容量与放电电压关系

容量积分法是通过对单位时间内流入流出电池组的电流进行累积，从而获得电池组每一轮放电能够放出的电量，确定电池 SOC 的变化。

3. 均衡管理系统

为了平衡电池组中单体电池的容量和能量差异，提高电池组的能量利用率，在电池组的充放电过程中需要使用均衡电路。根据均衡过程中电路对能量的消耗情况，均衡电路可以分为能量耗散型均衡电路和能量非耗散型均衡电路两种。

（1）能量耗散型均衡电路可将多余的能量全部以热量的方式消耗。从动画中看到，在充电过程中，当单体电池电压达到截止电压时，均衡装置能阻止其过充并将多余的能量输送给外接电阻，转化成热能损耗掉。能量耗散型均衡电路结构简单，但是均衡电阻在分流过程中不仅会消耗能量，还会由于电阻发热引起电路的热管理问题。

（2）能量非耗散型均衡电路可将多余的能量转移或者转换到其他电池中。从动画中看到，在充电过程中，利用电感或电容等储能元件，把电池组中容量高的单体电池通过储能元件转移到容量较低的电池上。该均衡方法一般应用于中大型电池组中。这种电路通过切换电容开关传递相邻电池间的能量，将电荷从电压高的电池传送到电压低的电池，从而达到均衡的目的。

七、动力电池热管理和安全管理

由于过高或过低的温度都将直接影响动力电池的使用寿命和性能，并有可能导致电池系统的安全问题，且电池箱内温度场的长久不均匀分布将造成各电池模块、单体间性能的不均衡，因此，动力电池热管理对于电动车辆动力电池系统而言是必需的。可靠高效的热管理系统对于电动车辆的安全可靠应用意义重大。

1. 热管理系统概述

纯电动汽车动力电池热管理是指通过控制器、温度传感器、热传导装置、风扇、加热丝或空调等，对电池箱体内部各电池模块的温度进行干预，使其工作在较为理想的工作区间，以提高动力电池系统的工作性能和使用寿命。简而言之，在电池模块温度较高时，控制器控制风扇开启或空调制冷；在电池模块温度较低时，控制器控制加热丝加热或空调制热。

纯电动汽车中动力电池作为能量的唯一来源，其功率和能量需求是相当高的，而动力电池在充电、放电的化学和物理过程中会产生很多热量，如果这些热量在车辆行驶过程中得不到很好的散发，将会影响动力电池的性能、寿命甚至造成安全方面的严重后果。在低温环境尤其是在极端寒冷的条件下，电池系统由于温度低，会降低电池的能量释放甚至会出现不能正常充放电的情况，从而影响车辆的正常使用。因此，高温、低温对电池使用的影响都是不可忽视的，必须对电池系统的热状况进行深入研究并进行相应的热管理。

热管理系统的主要功能：电池温度的准确测量和监控；电池组温度过高时的有效散热和通风；低温条件下的快速加热；保证电池组温度场的均匀分布。

2. 安全管理系统概述

纯电动汽车安全管理系统主要具有烟雾报警、绝缘检测、自动灭火、过电压和过电流控制、防过充控制、防止温度过高、在发生碰撞的情况下关闭电池等功能。

（1）防过充控制。电动汽车动力电池系统在充电过程中使用过高的电压或充满后继续长时间充电，会对电池产生致命的损害。以锂电池单体为例，其充电电压在高于额定电压（一般是 4.2 V）后，如果继续充电，由于负极的储存格已经装满了锂原子，后续的锂离子会堆积于负极材料表面。这些锂离子由于极化作用，会引起电子转移，形成金属锂，并由负极表面往锂离子来的方向长出树枝状结晶。这些没有电极防护的金属锂一方面极为活跃，容易发生氧化反应而发生爆炸；另一方面，形成的金属锂结晶会穿破隔膜，使正负极短路，从而引发短路，产生高温。在高温下，电解液等材料会裂解产生气体，使电池外壳或压力阀鼓胀破裂，让氧气进入，并与堆积在负极表面的锂原子反应，进而发生爆炸。

因此锂电池在充电时，一定要设定电压上限和过充保护。在正规电池厂家出产的锂电池中都装有这样的保护电路，当电压超标或电量充满时自动断电。这就是 BMS 安全管理中的防过充控制。

（2）绝缘检测。电动汽车高压系统电压常用的有 288 V、336 V、384 V 及 544 V 等，已经大大超过了人体可以承受的安全电压，因此，电气绝缘性能是安全管理的一个很重要的内容。绝缘性能的好坏不仅关系电气设备和系统能否正常工作，还关系人的人身财产安全。现在常用的绝缘检测方法包括漏电直测法、电流传感法和绝缘电阻表测量法。

①漏电直测法。在直流系统中，漏电直测法是最简单也是最实用的一种检测漏电的方法。可以将万用表打到电流挡，串联在直流正极与设备壳（或者地）之间，这样就可以检测到直流负极对壳体之间的漏电流，同样也可以串联在负极与壳体之间检测直流正极对壳体之间的漏电流。

②电流传感法。采用霍尔式电流传感器检测是对高压直流系统检测的一种常见方法。将电源系统中待测的正极和负极一起同方向穿过电流传感器。当没有漏电流时，从电源正极流出的电流等于返回到电源负极的电流，因此，穿过电流传感器的电流为零，电流传感器输出电压为零；当发生漏电现象时，电流传感器的输出电压不为零。根据该电压的正负可以进一步判断该漏电流是来自电源正极还是负极。但是应用这种检测方法的前提是待测电源必须处于工作状态，要有工作电流的流入和流出，它无法在电源系统空载的情况下评价电源对地的绝缘性能。

③绝缘电阻表测量法。用绝缘电阻表测量绝缘电阻的阻值。绝缘电阻表俗称兆欧表，大多采用手摇发电机供电，故又称摇表。其刻度是以绝缘电阻为单位的，是电工常用的一种测量仪表。该仪表的工作原理是通过一个电压激励被测装置或网络，然后测量激励所产生的电流，利用欧姆定律测量出电阻。

绝缘电阻表主要由两大部分构成：一部分是手摇发电机，另一部分是磁电式比率表。通过摇动手柄，由手摇发电机产生交流高压，经二极管整流，提供测量用的直流高压。再用磁电式比率表测量电压线圈和电流线圈中的电流比值，用指针指示器指明电阻刻度。

（3）健康状态监测。电池的健康状态（SOH）是电池管理的一个重要内容，也是一个技术难度很大的问题。由于动力电池的问题不可能在设计制造过程中完全解决，在电动汽车运行过程中对动力电池系统进行有效的状态监测并提前发现问题，进而采取相应措施避免故障升级，这对提高动力电池安全性具有重要的意义。目前对电池电压、电流、温度、SOC 等相关参数的获取相对容易实现，而对于反映电池健康状态的参数 SOH 开展准确性监测却不容易。

电池健康状态的监测一般有完全放电法、内阻法和电化学阻抗法三种方法。

①完全放电法。完全放电法是目前公认的最可靠的方法，但是这种方法的缺点也

很明显，需要电池离线测试和较长的测试时间，测试完之后需对电池重新充电。

②内阻法。内阻法即通过建立内阻与 SOH 之间的关系进行 SOH 估算。这种方法的缺点在于，当电池容量下降到原来的 70% ~ 80% 时，电池的内阻才会发生显著变化，而且电池的内阻本来就是毫欧级别的数值，其在线准确测量是一个难点。

③电化学阻抗法。电化学阻抗法是通过对电池施加多个不同频率的正弦信号，再根据模糊理论对已经采集的数据进行分析，从而获得电池的健康状态。这种方法运用过程较为复杂。

八、电池的通信管理

数据通信是电池管理系统的重要组成部分之一。其主要涉及电池管理系统内部主控板与检测板之间的通信，电池管理系统与车载主控制器、非车载放电机等设备间的通信等；在有参数设定功能的电池管理系统上，它还涉及电池管理系统主控板与上位机的通信。CAN 通信方式是现阶段电池管理系统通信应用的主流，国内外大量产业化的电动汽车电池管理系统及国内外关于电池管理系统数据通信标准中均提倡采用该通信方式。

在车辆运行模式下，电池管理系统的通信如图 7-1-8 所示。电池管理系统的中央控制模块通过 CAN1 总线将实时的、必要的电池状态告知整车控制器及电机控制器等设备，以便采用更加合理的控制策略。如此既能有效地完成运营任务，又能延长电池使用寿命。同时，电池管理系统的中央控制模块通过 CAN2 将电池组的详细信息告知车载监控系统，完成电池状态数据的显示和故障报警等功能，为电池维护和更换提供依据。

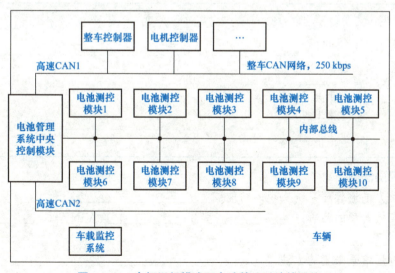

图 7-1-8　车辆运行模式下电池管理系统的通信

在应急充电模式下，电池管理系统的通信如图 7-1-9 所示。充电机实现与电动汽车的物理连接。此时的车载高速 CAN2 加入充电机节点，其余不变。充电机通过高速CAN2 了解电池的实时状态，调整充电策略，实现安全充电。

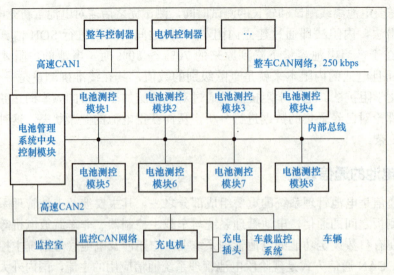

图 7-1-9　应急模式下电池管理系统的通信

一、实操目标

（1）能够实物认知动力电池管理系统的功能。

（2）能够实物认知各功能实现的工作原理。

二、实施计划

项目	内容
时间安排	45 min
实操车型	纯电动汽车 1 台
设备与工具	万用表 1 个； 常用工具 1 套
注意事项	注意用电安全

三、实操任务

（1）动力电池管理系统实现的功能：＿＿＿＿＿＿＿＿＿＿＿＿＿＿＿＿＿＿＿。

（2）实操车型的品牌：＿＿＿＿＿＿＿，型号：＿＿＿＿＿＿，VIN 码：＿＿＿＿＿＿＿，
年款：＿＿＿＿＿＿＿。

（3）电压信号采集的方法：＿＿＿＿＿＿＿＿＿＿＿＿＿＿＿＿＿＿＿＿＿＿＿。

（4）温度采集的方法：＿＿＿＿＿＿＿＿＿＿＿＿＿＿＿＿＿＿＿＿＿＿＿＿＿。

（5）电流信号采集使用的器件：＿＿＿＿＿＿＿＿＿＿＿＿＿＿＿＿＿＿＿＿＿。

（6）简述电池均衡控制两种方式的特点。

_____

_____

_____

_____

_____

_____

_____

_____

微课：电池管理系统

任务 2

DC/DC 变换器的功能检测

任务引导

DC/DC 变换器在纯电动汽车、插电式混合动力汽车和燃料电池汽车等新能源汽车中都有应用，是电动汽车内部参与能量转换的重要零部件，是电动汽车不可或缺的一部分。DC/DC 变换器如此重要，它承担的具体功能是什么？如何进行功能检测？这是本任务需要了解的内容。

任务描述

通过本任务的学习，了解 DC/DC 变换器的主要功能，掌握 DC/DC 变换器出现故障的现象，掌握 DC/DC 变换器检测的原理方法，为后续的应用场景学习打下坚实的基础。

任务目标

1. 具有较强的质量意识和服务意识。
2. 能描述 DC/DC 变换器的功能。
3. 能动手完成 DC/DC 变换器的功能检测。

任务准备

一、DC/DC 变换器的功能

DC 是直流电英文 Direct Current 的缩写。DC/DC 变换器是新能源汽车的主要功率电子之一，主要有降压、升压和稳压三种功能。其结构如图 7-2-1 所示。其中，降压DC/DC 变换器的功能是将汽车动力电池包的高压直流电转换为低压直流电，供整车低压用电设备使用，并为汽车低压蓄电池充电。

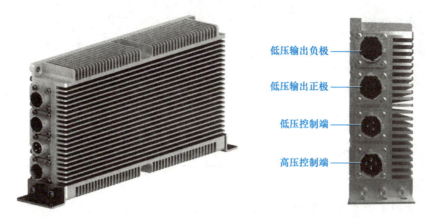

低压输出负极
低压输出正极
低压控制端
高压控制端

图 7-2-1　DC/DC 变换器的结构

二、DC/DC 变换器检测的背景

当 DC/DC 变换器发生故障后，蓄电池得不到电能补充会出现亏电现象，或者在 DC/DC 变换器输出电压较低时，电器设备难以正常工作，会出现功能减弱的现象。具体的故障现象或者检测的背景：①电动汽车正常行驶一定里程后，蓄电池出现亏电现象。②电动汽车低压电器设备出现功能减弱现象，如灯光强度不够。③电动汽车使用过程中定期维护保养的检测项目。

三、DC/DC 变换器检测的原理方法

（1）检查 DC/DC 变换器的外壳有无变形、有无明显的碰撞痕迹，进而检查散热翅片之间是否有异物。如果有，可用压缩空气吹走异物，以免影响 DC/DC 变换器的散热性能。

（2）检查 DC/DC 变换器连接线束是否牢固，有无松动、破损或裂纹。如果有，要及时进行更换或维修，以免造成漏电或短路。

（3）检查 DC/DC 变换器紧固螺栓是否锈蚀，紧固力是否足够，避免脱落导致 DC/DC 变换器松动。

（4）测量 DC/DC 变换器的输出电压是否正常，判断它是否正常工作。其测量方法：保证整车线束连接正常，通电前测量 12 V 蓄电池两端电压；整车通电，关闭车上用电器，继续读取万用表数值，查看变化情况。

（5）检测 DC/DC 变换器的绝缘性能，使用绝缘电阻表测量 DC/DC 变换器的高压接口绝缘电阻值。

 任务实施

一、实操目标

（1）能够实物认知 DC/DC 变换器的功能。

（2）能够实物认知 DC/DC 变换器的功能检测。

二、实施计划

项目	内容
时间安排	45 min
实操车型	纯电动汽车 1 台
设备与工具	万用表 1 个； 常用工具 1 套
注意事项	注意用电安全

实操任务

（1）DC/DC 变换器的功能：_____。

（2）实操车型的品牌：_____，型号：_____，VIN 码：_____，
年款：_____。

（3）DC/DC 变换器出现故障的现象：_____。

（4）简述 DC/DC 变换器功能检测的方法。

_____

_____

_____

_____

_____

_____

心得体会

_____

_____

_____

_____

_____

_____

任务 3
动力电池充电系统的认识

动力电池充电系统能够给新能源汽车动力电池及时补充能量，并能根据动力电池电量情况和充电时环境状态及时调整充电电流。"快充""慢充"是什么意思？在充电系统中有什么区别？这是本任务需要了解的内容。

任务描述

通过本任务的学习，了解新能源汽车动力电池充电系统的分类，掌握快充系统和慢充系统的结构组成和工作原理，为后续的应用场景学习打下坚实的基础。

任务目标

1. 具有社会责任感和社会参与意识。
2. 能描述动力电池充电系统的结构组成和工作原理。
3. 能描述快充系统与慢充系统的区别。

任务准备

一、低压蓄电池充电系统

1. 充电系统低压部分概述

相对于传统燃油汽车而言，纯电动汽车蓄电池的充电系统发生了彻底的变化，电气化程度更高。传统燃油汽车的电源是蓄电池和发电机，发动机未启动或启动时由蓄电池供电，启动以后则由发电机供电，这个过程是利用发动机输出的动力带发电机运转实现发电，产生的电能提供汽车电器使用同时为蓄电池充电。而纯电动汽车的结构从根本上改变了动力装置，用驱动电机代替了发动机，故蓄电池的充电系统也发生了彻底变化。

2. 充电系统低压部分的组成

纯电动汽车充电系统的低压部分由蓄电池、DC/DC 变换器、电路线束、开关和继电器等组成。

3. 充电系统低压部分的功能

充电系统低压部分的功能是在汽车运行的所有工况下，均能提供足够的电能满足低压电器的需求，同时还要保证为蓄电池充电。其中，DC/DC 变换器的功能是将动力电池输出的高压直流电转换成低压直流电，输出电压一般为 13.8 ～ 14 V，满足低压电器使用及为蓄电池充电。

按照上述低压充电系统的功能来讲，DC/DC 变换器就能满足低压充电系统的用电需求，理论上可以省去低压蓄电池，但实际上还是将其保留。这样做主要有以下两个原因：

（1）保留低压蓄电池能够降低车辆的成本。蓄电池能在短时间内向空调、刮水器及车灯等释放大电流。如果省去蓄电池而将高压动力电池的电力用于空调及刮水器等，DC/DC 变换器的尺寸势必就会增大，从而使整车成本增加。而蓄电池价格低，保留蓄电池可以实现成本的最优化。

（2）蓄电池还具有确保向辅助电器供电的冗余度作用。DC/DC 转换器出现故障停止供电时，如果没有蓄电池，辅助电器就会立即停止运行，如夜间车灯不亮、雨天雨刮停止运行等，就会影响驾驶。如果有蓄电池，便能够将汽车就近开到修理厂。

4. 充电系统低压部分的工作原理

当车辆启动后或检测到蓄电池电量过低时，该信号首先传递给车辆 VCU（整车控制器），VCU 再向 BMS（电池管理系统）发出使能信号，此时动力电池包完成高压系统预充电流程，然后 VCU 再向 DC/DC 变换器发送使能信号，吸合继电器，驱使 DC/DC 变换器工作，最后 DC/DC 变换器开始将动力电池包传递过来的高压直流电转换成低压直流电供低压设备使用或为蓄电池充电。

二、交流充电系统

1. 交流充电系统的含义

高压充电包括直流充电和交流充电两种。交流充电常被称为"慢充"，它是充电桩将 220 V 的交流电输入车载充电机，经其转换后输出直流电，对动力电池进行充电的方式。

如图 7-3-1 所示，在慢充系统中，慢充桩通过慢充枪与车辆的慢充口连接，慢充桩的交流电通过慢充线束及车载充电机，将交流电转变为高压直流电，经过高压控制盒、直流母线为动力电池充电。同时，高压直流电还通过 DC/DC 转换器给低压蓄电池充电。

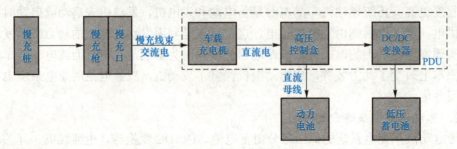

图 7-3-1 慢充过程能量流

2．交流充电系统的组成

交流充电系统主要由交流充电装置、交流充电口、车载充电机等部件组成，如图 7-3-2 所示。

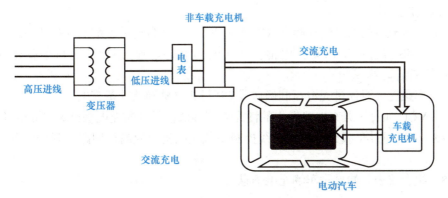

图 7-3-2　交流充电系统的组成

3．交流充电装置的形式

常见的交流充电装置有三种形式：第一种是家用便携式交流充电盒，采用三孔插座充电；第二种是壁挂式交流充电盒；第三种是交流充电桩。家用三孔插座充电一般功率较小，电流控制在 16 A 以下。壁挂式交流充电盒、交流充电桩输入电流最大为 32 A。

4．交流充电系统的控制策略

整车进行慢充时，由慢充桩提供交流电，经过车载充电机转换为直流电，为动力电池充电。交流充电系统的充电控制策略如图 7-3-3 所示。

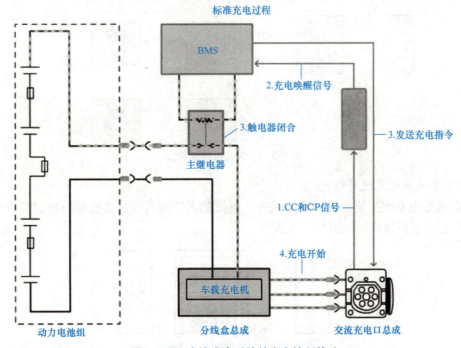

图 7-3-3　交流充电系统的充电控制策略

（1）将慢充枪插入慢充口中，充电桩通过充电连接确认线 CC 连接到车载充电机，确认慢充枪插入慢充口中。

（2）车辆蓄电池为车载充电机提供 12 V 常电。车载充电机自检无故障后，充电控制确认线 CP 接通。

（3）车载充电机通过慢充唤醒线唤醒 VCU，VCU 自检后唤醒 BMS、仪表。

（4）BMS 自检后确认动力电池处于可充电状态，通过 CAN 线与车载充电机和 VCU 进行通信。

（5）车载充电机通过充电控制确认线 CP 与充电桩确认准备充电。

（6）VCU 通过车载充电机发出的慢充连接确认信号判断充电桩已做好充电准备。

（7）VCU 通过车载充电机使能线控制车载充电机导通高压回路，开始对电动汽车充电。

（8）组合仪表开始显示车辆充电信息。

三、直流充电系统

1. 直流充电系统的含义

直流充电也称为快速充电或应急充电。其充电方式主要是通过直流充电桩将交流电网电能（380 V）转化为直流电后通过充电连接器对电动汽车进行充电。

如图 7-3-4 所示，在快充系统中，快充桩通过快充枪与车辆的快充口连接，快充桩的高压直流电通过快充线束，经过高压控制盒中的快充正极、负极继电器，最后通过直流母线为动力电池充电。同时，高压直流电还通过 DC/DC 变换器给低压蓄电池充电。

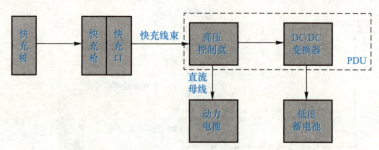

图 7-3-4　快充过程能量流

2. 直流充电系统的组成

直流充电系统主要由输入整流装置、直流输入控制装置、直流输出控制装置和直流充电管理装置组成，如图 7-3-5 所示。

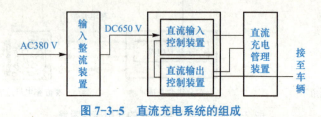

图 7-3-5　直流充电系统的组成

3. 直流充电系统的特点

相较于交流充电，直流充电有很多不同的特点，如充电电压高、电流大、充电速度快、时间短、充电无须经过车载充电机，适用于短时间内给电动汽车充电，也适合给长距离旅行的电动汽车快速补充电能。

直流快充系统对提供直流电装置的依赖性比较大，且对交流电的电网要求比较高。而交流慢充系统对电网要求相对较低，便捷式供电装置可不必依赖充电桩式的供电装置，利用家用的 220 V 的交流电就可以满足充电的要求，方便快捷，也是解决目前充电桩配备不足的有效方式。

4. 直流充电系统的控制策略

进行快充时，由快充桩提供高压直流电为动力电池进行快速充电，快充控制策略如下：

（1）将快充枪插入快充口中，充电桩通过充电连接确认线 CC1，确认快充枪插入快充口中。

（2）快充桩向快充口提供 12 V 低压电，通过快充唤醒线唤醒 VCU。VCU 被唤醒后，VCU 通过充电连接确认线 CC2，确认快充桩已经连接。

（3）VCU 唤醒 BMS，VCU、BMS 与充电桩通过 CAN 线进行通信。

（4）VCU 控制快充正极、负极继电器吸合。

（5）快充桩的高压直流电通过 PDU 进入动力电池，给动力电池充电。同时，高压直流电通过 DC/DC 变换器给低压蓄电池充电。

 **任务实施**

一、实操目标

（1）能够实物认知充电系统结构的组成和工作原理。

（2）能够实物认知快充系统与慢充系统的区别。

二、实施计划

项目	内容
时间安排	45 min
实操车型	纯电动汽车 1 台
设备与工具	万用表 1 个； 常用工具 1 套
注意事项	注意用电安全

三、实操任务

（1）充电系统的分类：_____。

（2）实操车型的品牌：_____，型号：_____，VIN 码：_____，年款：_____。

（3）交流充电系统的组成：_____。

（4）直流充电系统的组成：_____。

（5）按照指导教师要求，指出交流充电口和直流充电口的位置。

（6）简述交流充电口和直流充电口各端子的含义。

_____

_____

_____

_____

_____

_____

_____

_____

心得体会

_____

_____

_____

_____

_____

_____

_____

_____

微课：充电系统

实操：充电系统

任务 4

电机驱动系统的认识

 任务引导

　　电机驱动系统是电动汽车最主要的系统之一。电动汽车运行性能的好坏主要是由其驱动系统决定的。电动汽车的电机驱动系统是能量存储系统与车轮之间的纽带，其作用是将能量存储系统输出的能量（化学能、电能）转换为机械能，推动车辆克服各种阻力前行。电机驱动系统由哪些部件构成，又是如何实现加速、制动控制的？这是本任务需要了解的内容。

 任务描述

　　通过本任务的学习，掌握电机驱动系统的功能、组成及工作原理，熟悉整车工作模式下的控制策略，为后续的应用场景学习打下坚实的基础。

 任务目标

1. 具有一定的信息素养和创新思维。
2. 能描述电机驱动系统的功能、组成及工作原理。
3. 能描述整车不同工作模式下的控制策略。

 任务准备

一、电机驱动系统的功能

　　电机驱动系统的主要功能是把动力电池的电能转化为机械能，产生驱动转矩，驱动车辆行驶。另外，为了实现车辆的前进、后退、改变车速、停车等功能，驱动电机必须能实现正转、反转、改变转速和停机等功能。

　　当车辆制动或滑行时，车轮反拖驱动电机转动，此时驱动电机转换成发电机进行发电并将电能储存到电池中，进行能量回收，以此适当延长电动车的续航里程。

二、电机驱动系统的组成

　　电机驱动系统主要由驱动电机、电机控制模块（MCU）、整车控制模块（VCU）、动力电池管理模块（BMU）、仪表模块、电机温度传感器、电机转速位置传感器、加速踏板传感器、制动踏板行程传感器、轮速传感器、制动踏板开关、挂挡手柄位置开关等组成，如图 7-4-1 所示。

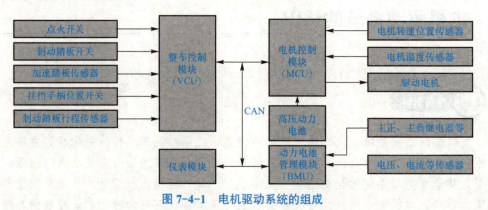

图 7-4-1　电机驱动系统的组成

三、电机驱动系统的工作原理

点火开关置于 ON 挡时，车辆控制模块通过监测制动踏板信号、挂挡开关信号、加速踏板信号来判断驾驶员的意图，车辆控制模块通过 CAN 向电机控制模块发送车辆扭矩大小、电机旋转方向的信息后，电机控制模块控制驱动电机进行工作，电机带动减速器、差速器、驱动轴、轮胎开始进行旋转行驶，如图 7-4-2 所示。

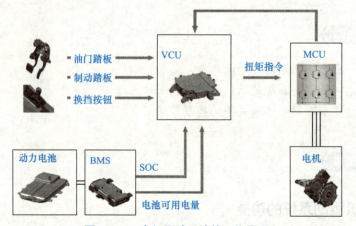

图 7-4-2　电机驱动系统的工作原理

当车辆在减速滑行和制动时，为了有效利用机械能，车轮、半轴、差速器、减速器带动驱动电机的转子进行旋转，此时让驱动电机转变为发电机进行发电，再经过电机控制器进行整流后向动力电池进行充电，达到能量回收的目的，提供动力电池的续航里程。

通过加速踏板传感器、制动开关、车速信号监测到车辆进入减速滑行工况，车辆控制模块依据内部设定程序来确定是否进行能量回收模式，以及能量回收级别的大小。

如果监测到释放加速踏板，踩下制动踏板，电机控制器停止控制电机向外输出扭矩。依据车辆工况，确定是否进入能量回收模式。当处于能量回收模式时，驱动电机开始向外发电，经过车载充电器整理后向动力电池供电。

四、电机驱动系统的控制策略

电机驱动系统的控制策略主要包括整车状态的获取、整车工作模式控制，以及整车高压和辅助系统控制等。

整车状态的获取方式，一般包括通过车速、挡位信号、加速踏板、制动行程传感器、制动开关、点火开关等检测整车的运行状态；通过 CAN 总线获得原车功能模块、动力电池系统、电机驱动系统等状态信息。

整车状态获取的内容，一般包括：点火钥匙——OFF、ACC、ON、START 状态；充电监控——充电唤醒、快充门板信号、慢充门板信号状态；挡位——P、R、N、D 状态；加速踏板位置——加速踏板开度，制动踏板—踩制动、未制动状态；动力电池管理系统（BMS）——继电器、电压、电流等状态；动力电机控制模块（MCU）——工作模式、转速、扭矩等状态；电子空调系统（EAS）、空调暖风系统（PTC）信息，电子制动系统（ABS）、仪表（ICM）等状态。

VCU 作为车辆的核心，控制和监测着车辆的每一个动作。车辆的控制过程就是针对车辆不同工况的控制过程。VCU 首先对几个相关参数进行比较来确定车辆目前所处的工况，然后针对不同工况采取不同的运行模式。

纯电动汽车整车分为充电模式、行驶模式、失效保护模式等工作模式。其中，行驶模式又可以进一步细分为空挡模式、起步模式、正常驱动模式、制动模式等。

车辆控制模块被唤醒后，周期性执行整车模式的判断。其中，充电模式优先于行驶模式。充电模式的确定源于充电唤醒信号。行驶模式的确定源于点火钥匙 ON 挡、无充电唤醒信号。

1. 驱动行驶策略

整车控制模块根据车辆运行的不同情况，包括车速、挡位、电池 SOC 值来决定电机输出的扭矩 / 功率。当电机控制器从整车控制模块处得到扭矩输出命令时，将动力电池提供的直流电转化成三相正弦交流电，驱动电机输出扭矩，通过机械传输来驱动车辆。

整车驱动控制即扭矩控制，是 VCU 的主要功能之一。扭矩控制的核心是工况判断、扭矩需求、扭矩限制、扭矩输出。

（1）扭矩需求。VCU 根据判断得出的整车工况、动力电池系统和电机驱动系统状态，计算出当前车辆需要的扭矩。各工况的需求扭矩如下：

①紧急故障工况，零扭矩后切断高压；

②怠速工况，目标车速；

③加速工况，加速踏板的跟随；

④能量回收工况，发电；

⑤零扭矩工况，零扭矩；

⑥跛行工况，限功率、限车速。

（2）扭矩限制与扭矩输出。VCU 根据整车当前的参数和状态及前一段时间的参数及状态计算出当前车辆的扭矩能力，根据当前车辆需要的扭矩，计算出合理的最终需要实现的扭矩。

扭矩限制因素包括：一是动力电池的允许充放电功率，包括温度限制、SOC 值限制。二是驱动电机的允许驱动扭矩，包括电机过温保护和控制器过温保护。例如，当控制器监测到驱动电机温度大于或等于 120 ℃但小于 140 ℃时，降功率运行；温度大于或等于 140 ℃时，降功率至 0，即停机。当控制器监测到控制器散热基板温度大于或等于 75 ℃，但小于 85 ℃时，降功率运行；当温度大于或等于 85 ℃时，超温保护，即停机。三是最大车速限制。

2. 能量回收控制策略

如图 7-4-3 所示，能量回收控制是由整车控制模块进行控制的。整车控制模块对整车的状态信息进行分析，正确判断进入能量回收的条件，并计算能量回收的大小，通过 CAN 总线与驱动电机控制模块进行控制指令交互，要求电机控制系统切换到发电模式，进行一定扭矩的发电输出。此部分发电量可存储在动力电池内部，或提供给车辆的用电设备，实现制动能量的转换与回收。同时，电机发电模式产生电制动力，通过传动系统和驱动轮对整车产生制动作用。

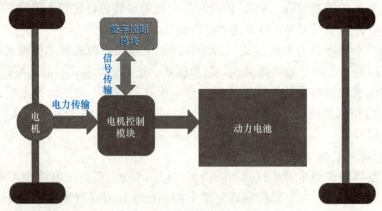

图 7-4-3　能量回收控制策略

能量回收包括滑行能量回收和制动能量回收两部分。

当车辆处于溜车或制动状态时，电机控制器从整车控制模块得到发电命令后，驱动电机控制模块使电机处于发电状态。此时，电机会将车子动能转化成电能。然后，三相正弦交流电通过电机控制器转化为直流电存储到电池中。

采用复合制动系统的电动汽车需要综合考虑液压制动系统，电机制动和防抱死系统（ABS）的协调一致性，进而需要有自己的管理系统——制动管理系统（BCU）。BCU 可以独立于 VCU 之外，两者之间通过 CAN 通信，也可以把 BCU 功能集成到电子智能助力器（EBS），如宝骏 E300。

根据制动踏板的开度和开度变化的速度，VCU 计算出车辆的制动需求力矩，传递给 BCU。BCU 根据车辆的具体状态做出具体力矩分配。驱动轮在制动时采用液压制动和电机制动联合制动，非驱动轮采用液压制动。

车速中等的一般制动，直接切入电机能量回馈制动，以最大数量地回收制动能量。

车速高时，驾驶员急踩踏板，需要紧急制动，则 BCU 会首先启动液压制动系统，待减速状态稳定以后，再引入能量回馈制动，并逐渐加大比例。

行驶在冰雪路面时，BCU 则会引入 ABS，并将其优先级设置为最高，以车辆正常安全行驶为主。

 **任务实施**

一、实操目标
（1）能够实物认知电机驱动系统的功能、组成及工作原理。
（2）能够实物认知整车不同工作模式下的控制策略。

二、实施计划

项目	内容
时间安排	45 min
实操车型	纯电动汽车 1 台
设备与工具	万用表 1 个； 常用工具 1 套
注意事项	注意用电安全

三、实操任务
（1）电机驱动系统的功能：_____。
（2）实操车型的品牌：_____，型号：_____，VIN 码：_____，
年款：_____。
（3）电机驱动系统的组成：_____。
（4）整车状态的获取方式：_____。
（5）纯电动汽车整车工作模式：_____。
（6）简述驱动行驶策略和能量回收策略。

_____

_____

_____

_____

_____

_____

_____

_____

_____

心得体会

_____

_____

_____

_____

_____

_____

_____

_____

_____

微课：电机驱动系统

纯电动动力系统的认识项目评价表

评价任务	评价内容	评价标准	评价等级		
			自评	组评	师评
信息收集（10分）	专业资料准备（10分）	1. 能根据任务，熟练查找资料，能较全面地获取所需要的专业资料。（8～10分） 2. 熟练查找资料，能部分获取所需要的专业资料。（5～7分） 3. 没有查找专业资料或资料极少。（0～4分）			
实际操作（70分）	着装和工器具选用（15分）	1. 合理着装，合理选取工器具，合理布置工作现场。（12～15分） 2. 未合理着装，未合理选取工器具，合理布置工作现场。（9～11分） 3. 未合理着装，未合理选取工器具，未合理布置工作现场。（0～8分）			
	动力电池管理系统的认识（20分）	1. 能全面认识动力电池管理系统功能，内容记录完整。（16～20分） 2. 能部分认识动力电池管理系统功能，存在2项以内错误，内容记录部分完整。（12～15分） 3. 填写不完整，存在3项以上错误，内容记录不完整。（0～14分）			
	动力电池充电系统的认识（20分）	1. 能全面认识快充系统和慢充系统结构组成和工作原理，内容记录完整。（16～20分） 2. 能部分认识快充系统和慢充系统结构组成和工作原理，存在2项以内错误，内容记录部分完整。（12～15分） 3. 填写不完整，存在3项以上错误，内容记录不完整。（0～14分）			
	电机驱动系统的认识（15分）	1. 能全面认识电机驱动系统组成及工作原理，内容记录完整。（12～15分） 2. 能部分认识电机驱动系统组成及工作原理，存在2项以内错误，内容记录部分完整。（9～11分） 3. 填写不完整，存在3项以上错误，内容记录不完整。（0～8分）			

续表

评价任务	评价内容	评价标准	评价等级		
			自评	组评	师评
基本素质（20分）	严谨细致（10分）	1. 能按要求进行细致操作。（8～10分） 2. 能完成操作，但过程中有遗漏步骤。（5～7分） 3. 不能按照要求完成操作。（0～4分）			
	遵章守纪（10分）	1. 能完全遵守实训管理制度和劳动纪律，无违纪行为。（8～10分） 2. 能遵守实训管理制度，迟到/早退1次。（5～7分） 3. 违反实训管理制度，或旷课1次。（0～4分）			
总成绩		备注　总成绩＝自评分×0.2＋组评分×0.3＋师评分×0.5			

科技名词——电动汽车

项目 8
混合动力系统

 **情景描述**

　　王先生想购买一辆新能源汽车，今日来店咨询看车。王先生说自己不了解纯电动汽车与混合动力汽车的区别，也不了解它们的动力系统又有什么不同之处，希望销售人员能够重点介绍混合动力系统。销售顾问刘某接受了此项任务，对混合动力汽车的类型，以及其动力系统的功能区别、结构组成等做了详细介绍。

项目概述

　　本项目主要讲述汽车电控技术的基础知识，是后续课程中进行相关试验、检测与维修的必备知识。通过学习和掌握混合动力系统的组成和功能，可明确、清晰地了解电控技术在混合动力系统控制中的作用。

项目目标

1. 具有较强的集体意识和团队合作精神。
2. 养成刻苦钻研、精益求精的工匠精神。
3. 熟悉混合动力电动汽车的含义。
4. 了解混合动力电动汽车的分类。
5. 掌握混合动力系统的功能区别。
6. 掌握混合动力系统的结构组成。

任务 1

混合动力系统的基本认识

 任务引导

混合动力电动汽车有其显著的优势：优化燃油利用，在低速行驶时使用电力驱动，高速行驶需要大功率输出时才使用燃油，因而可降低燃油消耗，适合城市驾驶；爆发力强，使用电力驱动时，加速迅速，没延迟，没有发动机的噪声，安静舒适。具体什么是混合动力电动汽车？混合动力电动汽车有哪些分类？这是本任务需要了解的内容。

任务描述

通过本任务的学习，了解混合动力电动汽车的含义，掌握混合动力电动汽车不同的分类，为后续的应用场景学习打下坚实的基础。

任务目标

1. 具有较强的集体意识和团队合作精神。
2. 能描述混合动力电动汽车的含义。
3. 能描述混合动力电动汽车不同的分类。

 任务准备

一、混合动力电动汽车的含义

混合动力电动汽车通常是指由不同动力源驱动的汽车，包括油电混合动力电动汽车、气电混合动力电动汽车。这里主要介绍油电混合动力电动汽车。

混合动力电动汽车（Hybrid Electrical Vehicle，HEV）是指同时装备两种动力来源——热动力源（传统的汽油机或柴油机）与电动力源（电池与电动机）的汽车。

通过在混合动力电动汽车上使用电机，动力系统可以按照整车的实际运行工况要求灵活调控，而发动机保持在综合性能最佳的区域内工作，从而降低油耗与排放。

混合动力电动汽车是介于内燃机汽车和电动汽车之间的一种车型，是内燃机汽车向纯电动汽车过渡的车型。混合动力电动汽车尽管不能实现零排放，但其动力性、经济性及排放等性能能够在一定程度上缓解汽车发展与环境污染、能源危机的矛盾。其与传统汽车的最大区别在于动力系统，混合动力电动汽车通常至少拥有两个动力源和两个能量储存系统。

二、混合动力电动汽车的分类

根据 2010 年颁布的《混合动力电动汽车类型》（QC/T 837—2010），混合动力电动汽车有多种分类方式。

1. 根据驱动系统能量流和功率流的配置结构关系分类

根据驱动系统能量流和功率流的配置结构关系分类，混合动力电动汽车可分为串联式、并联式和混联式三类。这三种类型的汽车的驱动方式结构如图 8-1-1 所示。

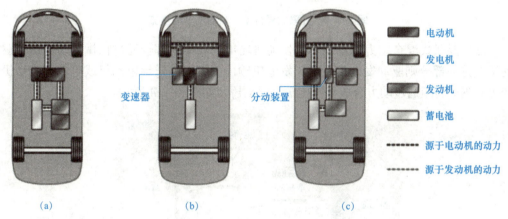

图 8-1-1　能量流配置结构类型
（a）串联式混合动力电动汽车；（b）并联式混合动力电运电动汽车；（c）混联式混合动力电动汽车

（1）串联式混合动力电动汽车。此类车辆的驱动力只来源于电动机。其特点是发动机带动发电机发电，其电能通过传输线路及控制器直接输送到电动机，由电动机产生驱动力矩驱动汽车，如图 8-1-2 所示。

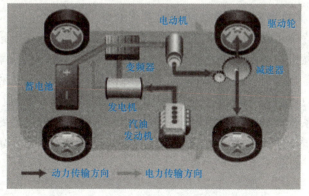

图 8-1-2　串联式混合动力电动汽车能量流

（2）并联式混合动力电动汽车。这是车辆的驱动力由电动机和发动机同时或单独供给的混合动力汽车。其特点是可以单独使用发动机或电动机作为动力源，也可以同时使用电动机和发动机作为动力源驱动汽车行驶，如图8-1-3所示。

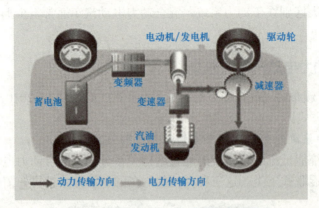

图8-1-3　并联式混合动力电动汽车能量流

（3）混联式混合动力电动汽车。发动机输出的功率一部分通过机械传动输送给驱动桥，另一部分则驱动发电机发电，发电机输出的电能输送给电动机或电池，电动机产生的驱动转矩通过动力合成装置传送给驱动桥，如图8-1-4所示。

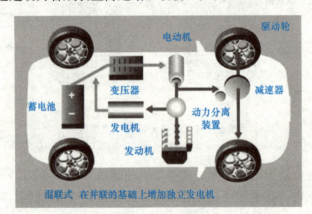

图8-1-4　混联式混合动力电动汽车能量流

2. 根据电动机功率占整个系统功率的多少分类

（1）电量维持型（或内燃机主动型）混合动力电动汽车。在电量维持型混合动力电动汽车中，内燃机功率占整个系统功率的百分比较大，电动机功率占整个系统功率的百分比较小，蓄电池组仅提供车辆行驶时的峰值功率。其发动机和电动机共同驱动车轮，两种驱动力可根据驾驶状况分开使用。由于不能关闭发动机行驶，电动机只是被用于辅助驱动系统。其蓄电池组容量一般较小，车辆行驶前后的蓄电池组荷电状态（SOC）主要依靠内燃机带动发电机发电或能量回馈来维持，一般不需外界能量源给蓄电池组补充充电，如图8-1-5所示。

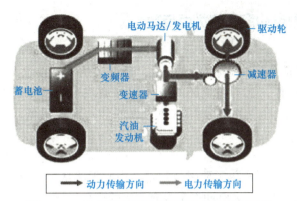

图 8-1-5　电量维持型混合动力电动汽车能量流

（2）电量消耗型（或电力主动型）混合动力电动汽车。在电量消耗型混合动力电动汽车中，蓄电池容量较大，电动机功率占整个系统功率的百分比较大，内燃机功率占整个系统功率的百分比较小，不足以维持蓄电池组荷电状态。车辆行驶后的蓄电池组荷电状态低于初始值，需外界能量源给蓄电池组补充充电。

3. 根据内燃机和电动机的功率大小及混合程度分类

（1）微度混合动力电动汽车。在微度混合动力电动汽车中，电动机仅作为内燃机的启动机或发电机使用，不为汽车行驶提供持续的动力。通常在传统内燃机的启动电动机（一般为 12 V）上加装传动带驱动启动电动机。

（2）轻度混合动力电动汽车。与微度混合动力电动汽车相比，轻度混合动力电动汽车的两种动力源中，电池、电动机功率所占的比例增大，内燃机功率所占的比例相对减少。辅助电机被安装在发动机和变速器之间，作为辅助动力源与主要动力相连，当行驶中需要更大的驱动力时，被用作电动机；当需要重新启动发动机时，被用作启动机；在减速制动、进行能量回收时，被用作发电机。

（3）深度混合动力电动汽车。深度混合动力电动汽车通常采用大容量电池，保证高功率电动机以纯电动模式运行，这种车还具有动力切换装置，用于发动机、电动机各自动力的耦合和分离。在起步、倒车、起步 – 停车、低速行驶等情况下，车辆可以纯电动模式行驶，在急加速时，电动机和内燃机一起驱动车辆，并具有制动能量回收的能力。

4. 根据车辆所使用的动力电池、驱动电动机及发动机的不同分类

根据所用的动力电池不同，可以分为铅酸电池混合动力电动汽车、锂电池混合动力电动汽车、镍氢电池混合动力电动汽车、飞轮电池混合动力电动汽车和超级电容混合动力电动汽车。

根据所用驱动电动机类型不同，可以分为直流电动机混合动力电动汽车、交流异步电动机混合动力电动汽车、永磁电动机混合动力电动汽车、开关磁阻电动机混合动力电动汽车。

根据所用发动机类型不同，可以分为汽油机混合动力电动汽车、涡轮机混合动力电动汽车、柴油机混合动力电动汽车和混合燃料混合动力电动汽车。

三、混合动力电动汽车的优点与缺点

1. 优点

混合动力技术被公认为是目前最可行、最现实的节能技术，而混合动力电动汽车也是目前世界上唯一能实现量产的节能环保型汽车，这是混合动力电动汽车的最大优势。其优点是排放性能良好，动力性能佳，耗油量低，对电池的性能要求较低。

2. 缺点

由于混合动力电动汽车仍需要燃烧汽油，因此无法从根本上摆脱对石油的依赖和彻底解决环保问题，混合动力电动汽车没有太大的市场号召力。

混合动力系统的生产成本比内燃发动机系统的成本更高。

混合动力电动汽车需要配置普通汽车并不需要的昂贵配件，如庞大笨重的电池组、电力发动机及精密的电子控制模板。

另外，受限于动力电池与能量储存等技术难题及充换电站等基础配套设施目前未完善，混合动力电动汽车要得到大规模发展尚需要一定的时间。

一、实操目标

（1）能够实物认知混合动力电动汽车的含义。

（2）能够实物认知混合动力电动汽车不同的分类。

二、实施计划

项目	内容
时间安排	45 min
实操车型	混合动力电动汽车 1 台
设备与工具	万用表 1 个； 常用工具 1 套
注意事项	注意用电安全

三、实操任务

（1）混合动力汽车的含义：_____。

（2）实操的车型品牌：_____，型号：_____，VIN 码：_____，年款：_____。

（3）混合动力汽车的类型：_____，实操车辆属于_____类型。

（4）微混合型混合动力电动汽车、轻度混合型混合动力电动汽车、中度混合型混合动力电动汽车及重度混合型混合动力电动汽车的区别：_____
_____。

（5）混合动力电动汽车的优点与缺点：＿＿＿＿＿＿＿＿＿＿＿＿＿＿＿＿＿＿＿＿＿＿。

（6）简述电量维持型混合动力电动汽车和电量消耗型混合动力电动汽车的区别。

＿＿＿＿＿＿＿＿＿＿＿＿＿＿＿＿＿＿＿＿＿＿＿＿＿＿＿＿＿＿＿＿＿＿＿＿＿＿

＿＿＿＿＿＿＿＿＿＿＿＿＿＿＿＿＿＿＿＿＿＿＿＿＿＿＿＿＿＿＿＿＿＿＿＿＿＿

＿＿＿＿＿＿＿＿＿＿＿＿＿＿＿＿＿＿＿＿＿＿＿＿＿＿＿＿＿＿＿＿＿＿＿＿＿＿

＿＿＿＿＿＿＿＿＿＿＿＿＿＿＿＿＿＿＿＿＿＿＿＿＿＿＿＿＿＿＿＿＿＿＿＿＿＿

＿＿＿＿＿＿＿＿＿＿＿＿＿＿＿＿＿＿＿＿＿＿＿＿＿＿＿＿＿＿＿＿＿＿＿＿＿＿

＿＿＿＿＿＿＿＿＿＿＿＿＿＿＿＿＿＿＿＿＿＿＿＿＿＿＿＿＿＿＿＿＿＿＿＿＿＿

＿＿＿＿＿＿＿＿＿＿＿＿＿＿＿＿＿＿＿＿＿＿＿＿＿＿＿＿＿＿＿＿＿＿＿＿＿＿

＿＿＿＿＿＿＿＿＿＿＿＿＿＿＿＿＿＿＿＿＿＿＿＿＿＿＿＿＿＿＿＿＿＿＿＿＿＿

心得体会

微课：混合动力系统基础知识

任务 2

混合动力系统的结构认识

任务引导

目前，混合动力电动汽车车型的动力结构呈现百花齐放的特点，但是无论什么样的动力总成结构和控制形式，都离不开一个设计原则：协调发动机和电机的驱动点，始终让两个动力源处于当前最经济的工作点工作。混合动力系统的结构究竟是怎样的，这是本任务需要了解的内容。

任务描述

通过本任务的学习，了解三种混合动力系统的功能区别，掌握混合动力系统的结构组成，为后续的应用场景学习打下坚实的基础。

任务目标

1. 养成刻苦钻研、精益求精的工匠精神。
2. 能描述三种混合动力系统的功能。
3. 能描述混合动力系统的结构组成。

任务准备

一、串联式混合动力电动汽车的功能结构

串联式混合动力电动汽车主要由发动机、发电机和电动机三个动力总成，以串联方式组成其动力单元系统。图 8-2-1 所示为串联式混合动力电动汽车的功能原理图。

1. 串联式混合动力电动汽车的工作模式

串联式的工作模式通常有纯电动模式、纯发动机模式、混合模式三种。

（1）纯电动模式，即发动机关闭，车辆行驶完全依靠电池组供电驱动。

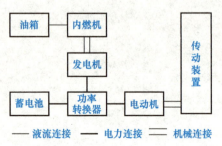

图 8-2-1　串联式混合动力电动汽车的功能原理图

（2）纯发动机模式，仅在发动机运行情况下驱动车辆，蓄电池电力充足时作为储备，不足时，发动机同时为其充电。

（3）混合模式，即整车动力由发动机与电池组共同提供。

2. 串联式混合动力电动汽车的运行工况分析

串联式混合动力电动汽车的结构如图 8-2-2 所示。

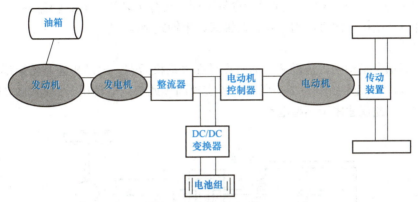

图 8-2-2 串联式混合动力电动汽车的结构

（1）启动/正常行驶/加速运行工况。发动机通过发电机和蓄电池一起输出电能并传递给功率转换器，然后驱动电动机，再通过机械传动装置驱动车轮。

（2）低负荷工况。发动机输出的功率大于车辆所需的功率，多余的能量通过发电机给蓄电池充电，直到 SOC 达到预定的限值。

（3）减速/制动工况。电动机把驱动轮的动能转化为电能，并通过功率转换器给蓄电池充电。

（4）停车充电工况。停车时，发动机可通过发电机和功率转换器给蓄电池充电。

从对串联式混合动力电动汽车的运行工况分析来看，串联式结构适用于城市内频繁起步和低速运行工况。目前其多用于客车。

二、并联式混合动力电动汽车的功能结构

并联式混合动力电动汽车有两套驱动系统：传统的内燃机系统和电机驱动系统。这种系统适用于多种不同的行驶工况，尤其适用于复杂的路况。该联结方式结构简单、成本低。例如，本田的 Accord 和 Civic 采用的是并联式联结方式。其功能原理如图 8-2-3 所示。

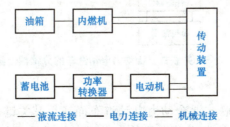

—— 液流连接　—— 电力连接　== 机械连接

图 8-2-3 并联式混合动力电动汽车的功能原理

并联式混合动力电动汽车可由发动机和电动机共同驱动或各自单独驱动，故其具备以下特点，发动机和电动机是两个相互独立的系统，既可实现纯电动行驶，又可实现内燃机驱动行驶，在功率需求较大时还可以实现全混合动力行驶，在停车状态下可进行外接充电。

但以何种方式将两种动力融合呢？并联式混合动力电动汽车可以两动力源的转矩、转速、功率为对象进行耦合。按耦合对象不同，可分为转矩耦合、转速耦合、转矩与转速耦合。从结构上而言，则主要有两轴式、单轴式结构。

1. 转矩耦合

在转矩耦合结构中，传动装置通常设计在电动机后端，电动机通过转矩耦合装置、离合器与发动机相连如图 8-2-4 所示，要实现同步调节，电动机与发动机的转速范围必须一致，因此仅适用于小型电动机。

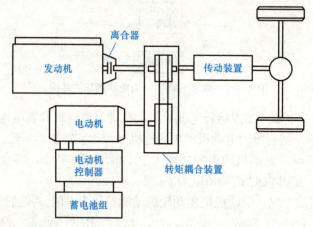

图 8-2-4　并联式混合动力电动汽车的单轴耦合结构

另一种转矩耦合两轴结构形式为分轴设计，电动机与发动机分别为车辆提供动力如图 8-2-5 所示。其发动机传动系统结构形式与常规汽车一样，仅是将电动机作为另一动力源对车辆输出转矩。此种结构会减少车辆的乘坐空间，且不能实现发动机对蓄电池充电。

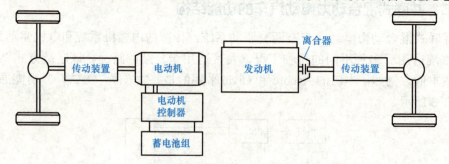

图 8-2-5　并联式混合动力电动汽车的分轴耦合结构

2. 转速耦合

对于转速耦合的并联式混合动力电动汽车而言，其关键的两种转速耦合部件一是行星齿轮机构，二是具有浮动定子的电动机（传动电动机）。其转速耦合结构如

图 8-2-6 所示。转速耦合混合动力电动汽车的主要优点在于两种动力装置的转速是解耦的，因此两者的转速可以自由地进行调节。

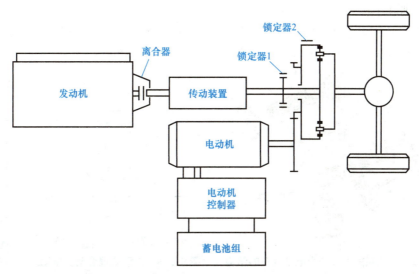

图 8-2-6　并联式混合动力电动汽车的转速耦合结构

3．转矩耦合与转速耦合

这种混动汽车将转矩耦合与转速耦合相结合，形成复合型混合动力驱动系统，如图 8-2-7 所示。这种驱动系统下转矩耦合与转速耦合状态可交替运行。

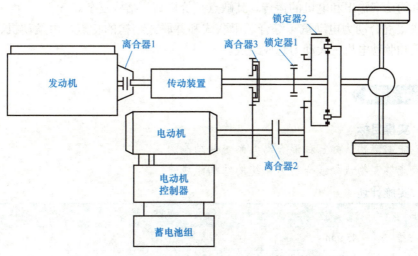

图 8-2-7　并联式混合动力电动汽车的复合型耦合结构

三、混联式混合动力电动汽车的功能结构

混联式驱动系统是串联式与并联式的综合。混联式混合动力电动汽车的结构如图 8-2-8 所示，其功能原理如图 8-2-9 所示。发动机发出的功率一部分通过机械传动输送给驱动桥，另一部分则驱动发电机发电。发电机发出的电能输送给电动机或蓄电

池，电动机产生的驱动转矩通过动力复合装置传送给驱动桥。混联式驱动系统的控制策略：在汽车低速行驶时，驱动系统主要以串联方式工作，当汽车高速稳定行驶时，驱动系统则以并联工作方式为主。

混联式混合动力电动汽车具有转矩与转速耦合复合型的动力系统，其优于单一的串联式和并联式（单一转矩或转速耦合）混合动力驱动系统。

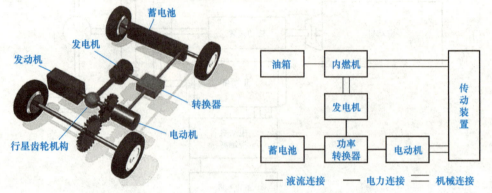

图 8-2-8　混联式混合动力电动汽车的结构　　图 8-2-9　混联式混合动力电动汽车的功能原理

混联式混合动力系统的特点在于，内燃机系统和电机驱动系统各有一套机械变速机构、两套机构或通过齿轮系，或采用行星轮式的结构结合在一起，从而综合调节内燃机与电动机之间的转速关系。

与并联式混合动力系统相比，混联式混合动力系统可以更加灵活地根据工况来调节内燃机的功率输出和电机的运转。其缺点是价格高、结构复杂。

混联式混合动力电动汽车综合了串联式和并联式结构的特点，由发动机、电动机或发动机和驱动电机三大动力总成组成。

一、实操目标
（1）能够实物认知三种混合动力系统的功能。
（2）能够实物认知混合动力系统的结构组成。

二、实施计划

项目	内容
时间安排	45 min
实操车型	混合动力电动汽车 1 台
设备与工具	万用表 1 个； 常用工具 1 套
注意事项	注意用电安全

三、实操任务
（1）混合动力系统的结构组成：＿＿＿＿＿＿＿＿＿＿＿＿＿＿＿＿＿＿。

（2）实操车型的品牌：_____，型号：_____，VIN 码：_____，
年款：_____。

（3）实操车辆混合动力系统的结构属于_____。

（4）串联式混合动力电动汽车的工作模式：_____。

（5）并联式混合动力电动汽车动力耦合的方式：_____。

（6）简述混联式混合动力系统的特点。

_____
_____
_____
_____
_____
_____
_____
_____

心得体会

_____
_____
_____
_____
_____
_____
_____
_____
_____

微课：混合动力系统结构形式

微课：混合动力系统能量管理

实操：混合动力系统结构形式

混合动力系统的认识评价表

评价任务	评价内容	评价标准	评价等级		
			自评	组评	师评
信息收集（10分）	专业资料准备（10分）	1. 能根据任务，熟练查找资料，能较全面地获取所需要的专业资料。（8～10分） 2. 熟练查找资料，能部分获取所需要的专业资料。（5～7分） 3. 没有查找专业资料或资料极少。（0～4分）			
实际操作（70分）	着装和工器具选用（10分）	1. 合理着装，合理选取工器具，合理布置工作现场。（8～10分） 2. 未合理着装，未合理选取工器具，合理布置工作现场。（5～7分） 3. 未合理着装，未合理选取工器具，未合理布置工作现场。（0～4分）			
	混合动力系统的基本认识（30分）	1. 能全面认识混合动力汽车的类型、特点，内容记录完整。（26～30分） 2. 能部分认识混合动力汽车的类型、特点，存在2项以内错误，内容记录部分完整。（15～25分） 3. 填写不完整，存在3项以上错误，内容记录不完整。（0～14分）			
	混合动力系统的结构认识（30分）	1. 能全面认识混合动力系统的结构组成，内容记录完整。（26～30分） 2. 能部分认识混合动力系统的结构组成，存在2项以内错误，内容记录部分完整。（15～25分） 3. 填写不完整，存在3项以上错误，内容记录不完整。（0～14分）			
基本素质（20分）	严谨细致（10分）	1. 能按要求进行细致操作。（8～10分） 2. 能完成操作，但过程中有遗漏步骤。（5～7分） 3. 不能按照要求完成操作。（0～4分）			
	遵章守纪（10分）	1. 能完全遵守实训管理制度和劳动纪律，无违纪行为。（8～10分） 2. 能遵守实训管理制度，迟到／早退1次。（5～7分） 3. 违反实训管理制度，或旷课1次。（0～4分）			
总成绩		备注　总成绩＝自评分×0.2＋组评分×0.3＋师评分×0.5			

课程素质案例

宇德时代首席科学家吴凯团队——在动力电池领域持之以恒创新

项目 9
智能驾驶辅助系统

情景描述

　　王先生是北汽新能源 EV 系列一款车型的车主，今日来店做维护保养。据王先生反映，车辆车道偶尔偏离预警，安全距离预警效果不好，希望维修技师能够重点检查智能驾驶辅助系统。维修技师刘某接受了此项任务，对该车的车道保持、智能安全防护等系统进行检查，最终诊断出故障所在并予以排除。

项目概述

　　本项目主要讲述纯电动汽车电控技术需要掌握的基础知识，是后续课程中进行相关试验、检测与维修的必备知识。通过学习和掌握智能驾驶辅助系统的功能及原理，可对电控技术在车道保持、智能安全防护和自适应巡航等方面的应用有明确的了解。

项目目标

1. 具有较好的信息素养和创新思维。
2. 具有较好的质量意识和服务意识。
3. 掌握智能驾驶的各功能模块及控制原理。
4. 掌握基于雷达的驾驶辅助的功能模块及控制原理。
5. 掌握基于摄像头的驾驶辅助的功能模块及控制原理。

 **任务 1**

车道保持技术的认识

任务引导

当汽车识别到偏离标线后，车辆的方向盘会发生振动，并且车辆会通过"滴滴"的警示声来提醒驾驶员注意安全驾驶，如果车道保持辅助系统识别到本车道两侧的标记线，系统就会处于待命状态。系统是如何实现车道标线的识别，又是如何实现车道保持控制的？这是本任务需要了解的内容。

任务描述

通过本任务的学习，掌握智能驾驶辅助系统的功能，掌握智能驾驶辅助系统的组成，为后续的应用场景学习打下坚实的基础。

任务目标

1. 具有较好的信息素养和创新思维。
2. 能描述智能驾驶辅助系统的各个功能。
3. 能描述智能驾驶辅助系统的组成。

 **任务准备**

一、智能驾驶辅助系统的定义

智能驾驶辅助系统（Advanced Driving Assistance System，ADAS）是利用安装在车上的各种传感器，收集车内外的环境数据，进行静态和动态物体的辨识、侦测与追踪等技术上的处理，从而能够让驾驶员在最短的时间内察觉可能发生的危险，以引起注意和提高安全性的主动安全技术。

二、智能驾驶辅助系统的功能

对于配置前雷达模块、前摄像头模块及后侧盲区监测雷达的车型，如宝骏汽车，其 ADAS 系统的功能可分为 6 个大功能，分别为车道保持、智能安全防护（前）、自适应巡航、智能安全防护（后）、自动灯光、智能限速，这 6 个大功能可以进一步细分为

21 个子功能，如图 9-1-1 所示。

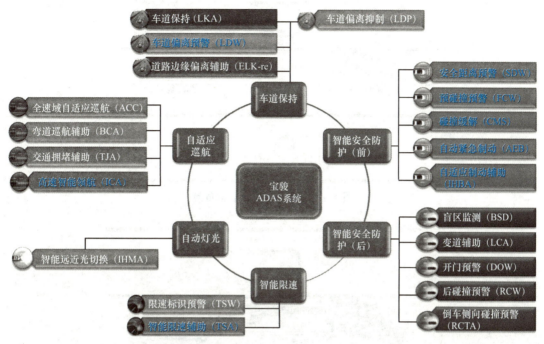

图 9-1-1 智能驾驶辅助系统的功能

1. 车道保持

车道保持部分的功能有车道保持（LKA）、车道偏离预警（LDW）、车道偏离抑制（LDP）和道路边缘偏离辅助（ELK-re）。

（1）车道保持。车道保持功能用于全程监视前方路面的车道标记，辅助驾驶员将车辆保持在车道中央行驶，如图 9-1-2 所示。

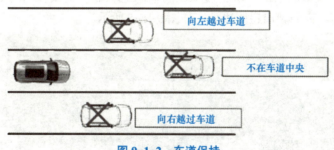

图 9-1-2 车道保持

（2）车道偏离预警。车道偏离预警功能用于减少驾驶时意外偏离车道所带来的安全隐患，通过视觉（图像）或听觉（声音）或触觉提醒驾驶员注意车辆偏离车道带来的危险，如图 9-1-3 所示。

（3）车道偏离抑制。车道偏离抑制的功能：当车辆前轮在驾驶员无意识的情况下有越出车道线的趋势时，系统会自动提供转向辅助，阻止车辆进一步偏离自身车道，如图 9-1-4 所示。

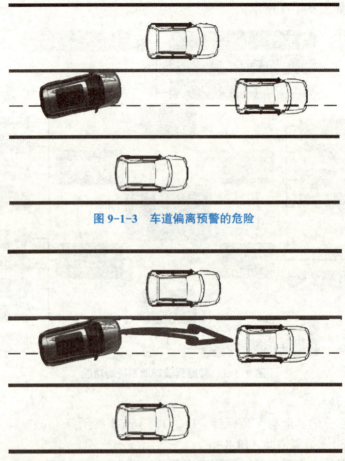

图 9-1-3　车道偏离预警的危险

图 9-1-4　车道偏离抑制

（4）道路边缘偏离辅助。道路边缘偏离辅助的功能：提供转向辅助，防止车辆发生无意识的偏离，避免越出道路边沿，如图 9-1-5 所示。

图 9-1-5　道路边缘偏离辅助

2. 自适应巡航

自适应巡航部分的功能是全速域自适应巡航（ACC）、弯道巡航辅助（BCA）、交通拥堵辅助（TJA）、高速智能领航（ICA）。

（1）全速域自适应巡航。车辆能在 0 ～ 130 km/h 全速域覆盖，实现在高速公路、城市快速路及高速环道等道路环境中跟随前车启停及巡航，如图 9-1-6 所示。

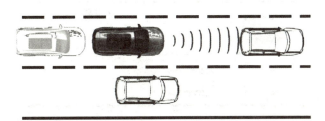

图 9-1-6 全速域自适应巡航

车辆能够跟随前车减速至静止，并在 3 s 内跟随前车自动起步；3 min 内仅需轻踩油门或拨 RES 即可恢复起步。

（2）弯道巡航辅助。弯道巡航辅助功能为根据前方弯道半径自动进行减速，保证车辆在弯道行驶中的安全性，如图 9-1-7 所示。

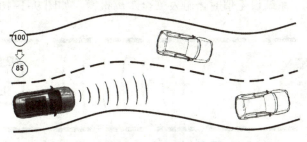

图 9-1-7 弯道巡航辅助

（3）交通拥堵辅助。交通拥堵辅助功能即通过将车辆保持在主车道上并且与前方目标车辆保持驾驶员选择的安全距离来辅助驾驶员驾驶，如图 9-1-8 所示。

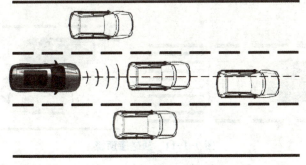

图 9-1-8 交通拥堵辅助

若车道线清晰可见，车辆会被维持在车道中间行驶；若车道线不可见（如发生交通拥堵），则车辆会跟随前方车辆行驶。

（4）高速智能领航。当车速＞60 km/h 时，车辆会被维持在车道中间巡航行驶，并且与前方目标车辆保持驾驶员选择的安全距离来辅助驾驶员驾驶，如图 9-1-9 所示。

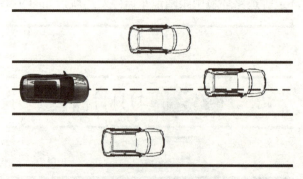

图 9-1-9　高速智能领航

3. 智能安全防护（前）

前部的智能安全防护功能有安全距离预警（SDW）、预碰撞预警（FCW）、碰撞缓解（CMS）、自动紧急制动（AEB）、自适应制动辅助（IHBA）。

（1）安全距离预警。借助前毫米波雷达，SDW 会在驾驶员的驾驶行为处在危险状态并且车间时距低于系统设定值时，触发安全距离报警，如图 9-1-10 所示。

图 9-1-10　安全距离预警

（2）预碰撞预警。当前方潜在碰撞（行人、前车减速、侧前方车辆切入等），系统会根据危险等级进行视觉（屏幕显示）、听觉（声音）或触觉（点刹）警示，提醒驾驶员对前方危险采取措施，如图 9-1-11 所示。

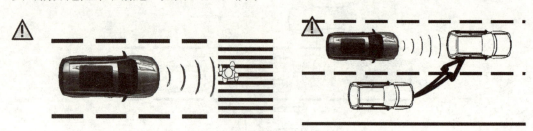

图 9-1-11　预碰撞预警

（3）碰撞缓解。当车速过高，理论上无法完全将车辆刹停时，此时前方碰撞将无法避免，尽管如此，系统会最大限度降低碰撞速度，发挥缓解碰撞的作用，如图9-1-12所示。

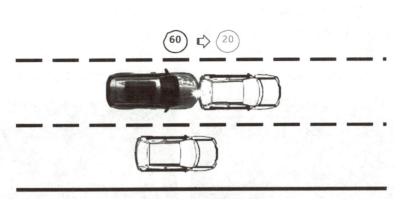

图 9-1-12   缓解碰撞

（4）自动紧急制动。自动紧急制动（纵向）功能，当系统探测到前方有潜在碰撞（行人、前车减速、侧前方车辆切入等）时，系统会自主制动，降低车速，如图9-1-13所示。

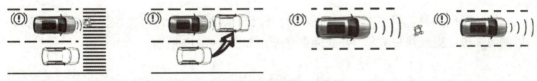

图 9-1-13   自动紧急制动

①车速在 5 ～ 65 km/h 时，前方若有行人 / 自行车（两轮车）横穿车道，经摄像头确认，AEB 会自动激活。

②车速在 5 ～ 85 km/h 时，纵向若有行人 / 自行车（两轮车）横穿车道，经摄像头确认，AEB 会自动激活。

③若报警后危险情况还存在，若驾驶员未采取措施且危险程度达到阈值，AEB 则会立即介入，有效避免碰撞。

（5）自适应制动辅助。借助前毫米波雷达，当前方有碰撞风险时，ESC 模块根据雷达发送的危险等级信号提前发出指令使制动系统建立制动油压准备。若驾驶员踩踏制动踏板发出的制动力不足，则系统会施加额外的制动力，降低车速，如图9-1-14所示。

图 9-1-14   自适应制动辅助

4. 智能安全防护（后）

车辆后部的安全防护功能有盲区监测（BSD）、变道辅助（LCA）、开门预警（DOW）、后碰撞预警（RCW）、倒车侧向碰撞预警（RCTA）。

（1）盲区监测。盲区监测功能是对本车的左右相邻车道进行监测。借助后雷达，可监控当前道路环境和后侧向来车，提醒驾驶员，如图 9-1-15 所示。

（2）变道辅助。变道辅助功能是对本车的左右相邻车道进行监测，当有车辆从该区域迅速向本车靠近时，满足报警条件，则立即进行报警，如图 9-1-16 所示。

图 9-1-15　盲区监测　　　　　　　　　图 9-1-16　变道辅助

（3）开门预警。当本车停止且车门打开时，借助后雷达，可监控当前道路环境和后侧向来车，提醒驾驶员开门注意后向来车，如图 9-1-17 所示。

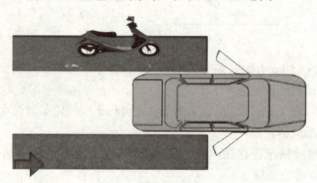

图 9-1-17　开门预警

（4）后碰撞预警。借助后雷达，可监控正后驾驶环境。当有车辆从本车后方快速迫近，满足一定条件时，提醒驾驶员，如图 9-1-18 所示。

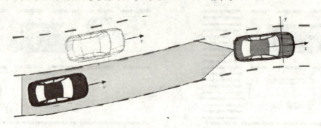

图 9-1-18　后碰撞预警

（5）倒车侧向碰撞预警。借助后雷达，可监控当前道路环境和后侧向来车，提醒驾驶员倒车时注意后向来车，以免发生碰撞，如图9-1-19所示。

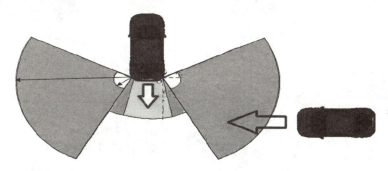

图9-1-19　倒车侧向碰撞预警

5. 智能限速

智能限速部分的功能有限速标识预警（TSW）、智能限速辅助（TSA）。

（1）限速标识预警。摄像头会识别道路上的限速标识，并显示在主屏幕上，提醒驾驶员调整车辆速度，如图9-1-20所示。

（2）智能限速辅助。摄像头识别道路上的限速标识后，当车速高于限速时，驾驶员可以一键调整巡航速度，如图9-1-21所示。

图9-1-20　限速标识预警　　　　图9-1-21　智能限速辅助

6. 自动灯光

如图9-1-22所示，借助前摄像头，可监控当前道路环境和对向来车，自动开启或关闭远光灯，即进行智能远近光切换。

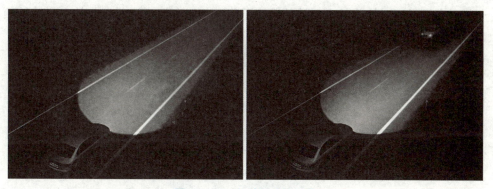

图9-1-22　智能远近光切换

三、智能驾驶辅助系统的组成

ADAS系统主要由前雷达模块、摄像头模块、后雷达模块、功能控制开关、仪表（信息显示及提醒）等组成，如图9-1-23所示。

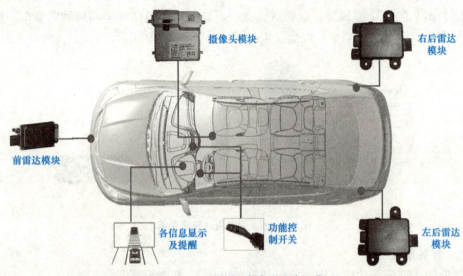

图 9-1-23　智能驾驶辅助系统组成

1. 前雷达模块

雷达模块通过计算其发出的电磁波反射回来的时间来估算与其他车辆的距离，如图 9-1-24 所示。

距离=电磁波速度×接收电磁波的时间/2

图 9-1-24　雷达测距原理

雷达模块通过计算其发出的电磁波反射回来的频率来估算其他车辆的行驶速度。

相对车辆远离时接收的电磁波的频率下降，相对车辆靠近时接收的电磁波的频率上升，如图 9-1-25 所示。

低频接收

高频接收

图 9-1-25　高、低频区别

2. 摄像头模块

摄像头模块在 ADAS 系统中的功能为识别交通标志、车道，其与前雷达模块进行信息融合，识别人、物等，如图 9-1-26 所示。

图 9-1-26　摄像头工作画面

3. 后雷达模块

后雷达模块的功能为监测车辆后部环境状态，如物体的存在、位置和速度。后雷达模块工作原理与前雷达模块基本相同，只是测量角度及范围不同。

4. 功能控制开关

ADAS 系统各功能的开关有两种形式：一种是机械开关，如巡航开关、车道保持开关；另一种是软开关，软开关位于多媒体"车辆"菜单，如图 9-1-27 所示。

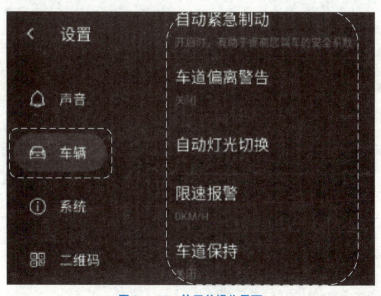

图 9-1-27　软开关操作界面

5. 汽车电控仪表

汽车电控仪表（图 9-1-28）是汽车与驾驶员进行信息交流的界面，为驾驶员提供必要的车辆运行信息，反馈汽车各系统的工作情况，遇到突发紧急情况警告、提醒驾驶员，同时也是维修人员发现和排除故障的重要工具。

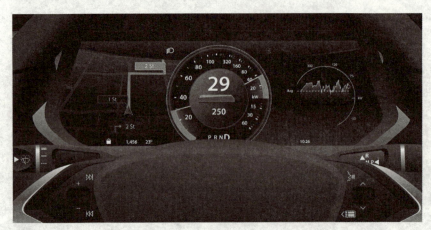

图 9-1-28　汽车电控仪表

一、实操目标

（1）能够实物认知智能驾驶辅助系统的各个功能。

（2）能够实物认知智能驾驶辅助系统的组成。

二、实施计划

项目	内容
时间安排	45 min
实操车型	智能驾驶辅助系统的汽车 1 台
设备与工具	万用表 1 个； 常用工具 1 套
注意事项	注意用电安全

三、实操任务

（1）智能驾驶辅助系统的功能：_____。

（2）实操车型的品牌：_____，型号：_____，VIN 码：_____，年款：_____。

（3）实操车辆的智能驾驶辅助系统：_____。

（4）车道保持部分的功能：_____。

（5）自适应巡航部分的功能：_____。

（6）智能安全防护的功能：_____。

（7）简述智能驾驶辅助系统的组成及各个模块的功能。

_____

_____

_____

_____

_____

_____

_____

_____

_____

心得体会

_____

_____

_____

_____

_____

_____

_____

_____

_____

微课：智能驾驶辅助系统概述

任务 2

智能安全防护技术的认识

任务引导

布置在车身前后方的毫米波雷达对车身前后方与侧方的特定区域进行探测，识别探测区域内目标车辆的信息并加以处理，以判断其是否与本车存在碰撞风险，实现车辆智能安全防护。智能安全防护包括哪些功能？控制原理又是什么？这是本任务需要了解的内容。

任务描述

通过本任务的学习，了解智能安全防护的功能、组成及工作原理，掌握前、后雷达在驾驶辅助上的功能和原理，为后续的应用场景学习打下坚实的基础。

任务目标

1. 具有较强的质量意识和服务意识。
2. 能描述前雷达驾驶辅助的功能和原理。
3. 能描述后雷达驾驶辅助的功能和原理。

任务准备

一、前部智能安全防护

前部智能安全防护系统的功能包括安全距离预警（SDW）、预碰撞预警（FCW）、碰撞缓解（CMS）、自动紧急制动（AEB）、自适应制动辅助（IHBA），如图 9-2-1 所示。

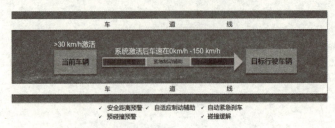

图 9-2-1　前部智能安全防护的功能

1. 工作原理

在车载娱乐模块中相应功能设置开启后，其开关信息通过 CAN 网络传至前雷达模块，前雷达模块开始工作，同时融合摄像头信息，探测外部环境状态，前雷达模块依据外部环境的实时状态，通过 CAN 网络请求 ESC 模块执行相应的制动功能、请求发动机模块进行相应的扭矩调节，请求仪表进行相应的警示提醒，如图 9-2-2 所示。

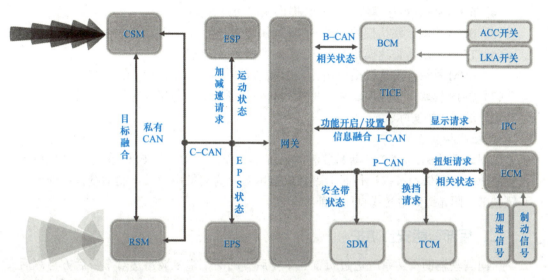

图 9-2-2　前部智能安全防护的原理

2. 雷达模块与其他模块的配合

前部智能安全防护系统是一个由各系统配合的综合控制，参与控制的模块有 EPS 控制模块、ESP 控制模块、车身模块、变速箱模块、发动机控制模块、组合仪表、娱乐系统，如图 9-2-3 所示。

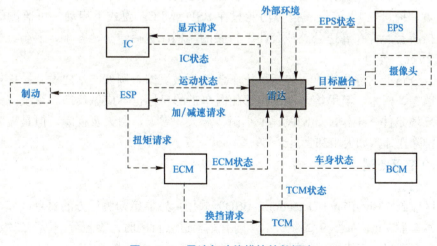

图 9-2-3　雷达与功能模块的数据流

（1）EPS 控制模块。EPS 控制模块向雷达模块提供方向盘的转角信息、EPS 的运行状态信息及检测驾驶员是否干预转向。

（2）ESP 控制模块。雷达模块需 ESP 模块发送相应的车速、轮速、轮速方向、轮速脉冲信号等。同时，雷达模块依据制动的需求，请求 ESP 模块执行减速准备或控制。

（3）IPC 模块。雷达模块需求 IPC 供制动过程所需的信息显示或提醒。

（4）ICE 模块。雷达模块需求 ICE 提供相应的设置功能。

（5）BCM 模块。雷达模块需求 BCM 提供转向开关信号等。

（6）TCM 模块。雷达模块需求 TCM 提供相关挡位信号。

（7）ECM 模块。发动机模块接受 ESP 模块请求执行扭矩控制。

（8）CMS 模块。雷达模块需要将探测的外部环境信息与摄像头模块融合，更精确地确定外部环境的实际状态。

3. 功能抑制条件

出现以下情况，AEB 自动紧急制动系统不工作：手动关闭 ESC 系统或 ESC 系统发生故障；车辆失稳；雷达传感器脏污或被覆盖；驾驶员用力踩下制动踏板；迎面有车辆驶来；阳光或其他光线直射在前方车辆。

二、后部智能安全防护

后向驾驶辅助雷达系统通过布置在车身后方的两个毫米波雷达对车身后方与侧后方的特定区域进行探测，识别探测区域内目标车辆的信息并加以处理，以判断其是否存在与本车碰撞风险，若有，则通过驱动报警灯或通过车身 CAN 输出报警信息等方式向驾驶员及乘客报警，从而实现盲点监测、变道辅助、开门预警、后碰撞预警、倒车侧向预警功能。

仪表上会有左右两个扇区，扇区长度用于表征目标远近，扇区颜色用于区分目标靠近的快慢。目标远近分为 6 个等级，目标接近快慢分为四个等级（按危险程度递增为白、黄、橙、红）。该仪表报警功能只在 BSD 或 LCA 模式下启动。可监测的有效目标包括所有允许在高速公路或公路上行驶的车辆，包括轿车、客车、卡车、摩托车（大于 125 cc）等。

对于公路上的静止物体（包括静止车辆）不做反馈。例如，基建设施：护栏、水泥柱、墙壁、树木、河堤等。面对相邻相向车道的目标也不应做反馈。系统应当能够在多种环境条件下工作，如刮风、中小雨、雾天、雪天、白天及夜晚，但是极度糟糕的天气排除在外，如大雨和大雪天气。

（一）盲区监测

1. 功能

盲区监测（Blind Spot Detection，BSD）采用传感器感知侧后方的盲点区域，盲区范围至本车后 7 m，如图 9-2-4 所示。当有车辆进入盲区时，警报分一级、二级警报，一级警示灯亮起，二级警示灯闪烁，提示驾驶员进行操作以避免碰撞。

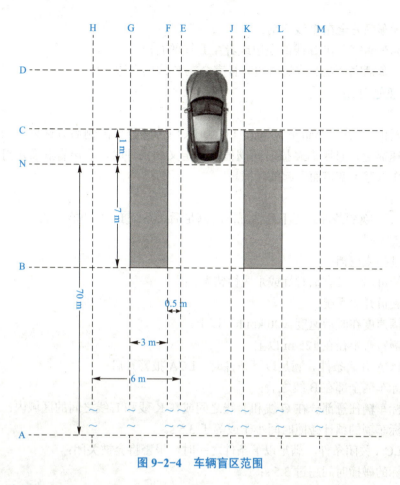

图 9-2-4　车辆盲区范围

2. 工作原理

（1）BSD 功能唤醒。当下列情况同时满足后，BSD 功能开始工作：

①系统唤醒；

②前进挡或空挡；

③系统可用（没有临时性或永久性错误）；

④驾驶员开启系统；

⑤车辆速度在激活速度（20 km/h）以上；

⑥车辆转弯半径在 125 m 以上。

（2）BSD 开启条件。满足以下条件时，BSD 报警开启：

①自车落后时；

②相对速度大于或等于 0 km/h 且小于或等于 100 km/h；

③纵向距离：目标车辆的任何部分在 B 线前面，目标车辆全部在 C 线之后；

④左边的横向距离：目标车辆的任何部分在 G 线的右边但是在 F 线的左边；

⑤右边的横向距离：目标车辆的任何部分在 L 线的左边但是在 K 线的右边。

（3）BSD 关闭条件。满足以下条件之一时，报警将会被关闭：

①目标车辆以相对速度小于 15 km/h 的速度落后于自车；

②目标车辆完全在 C 线之前；

③目标车辆完全在 G 线的左边或者在 L 线的右边；

④目标车辆完全在 F 线的右边并且完全在 K 线的左边。

（二）变道辅助

1. 功能

变道辅助（Lane Change Assist，LCA）采用传感器探测侧后方区域。当有车辆从侧后方快速靠近，且距离碰撞时间阈值达到定义的条件时，用声音和警示灯提示驾驶员进行操作以避免变道而引起的碰撞。

2. 工作原理

（1）LCA 唤醒条件。当下列情况同时满足后，系统 LCA 功能使能：

①系统唤醒；

②前进挡或空挡；

③系统可用（没有临时性或永久性错误）；

④驾驶员开启系统；

⑤车辆速度在激活速度（20 km/h）以上；

⑥车辆转弯半径在 125 m 以上。

（2）LCA 开启条件。满足以下条件时，LCA 报警开启：

①目标车辆全部在 B 线之后；

②目标车辆任意部分在 G 线和 F 线之间或在 K 线和 L 线之间的区域内；

③目标车辆的预计碰撞时间小于或等于 3.5 s。

（3）LCA 关闭条件。满足以下条件之一时，报警将会被关闭：

①目标的碰撞时间超过 3.5 s；

②目标车辆完全在 B 线之前；

③目标车辆完全在 G 线的左边或在 L 线的右边；

④目标车辆完全在 F 线的右边并且完全在 K 线的左边。

（三）开门预警

1. 功能

开门预警（DOW）功能如图 9-2-5 所示。若车辆停止，传感器监测到后方有危险，且车内乘员有开门动作时，系统会通过声音和警示灯来提示乘员停止开门动作。

2. 工作原理

（1）DOW 唤醒条件。下列情况同时满足后，系统 DOW 功能唤醒：

①系统唤醒；

②系统可用（没有临时性或永久性错误）；

③驾驶员开启系统；

④车辆保持静止或车速不超过 5 km/h。

（2）DOW 开启条件。目标满足以下条件后，开启 DOW 报警：

①驾驶员侧或乘客侧的门碰信号开启；

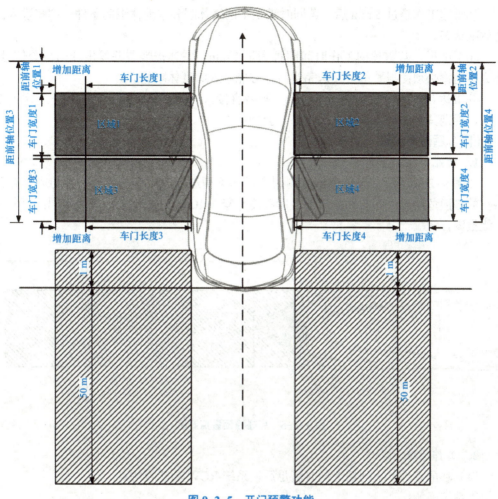

图9-2-5　开门预警功能

②速度矢量匹配：目标要穿过自车的碰撞区域；

③目标的碰撞时间小于或等于2.5 s。

（3）DOW关闭条件。满足以下条件时，DOW报警会关闭：

①车门关闭；

②目标的碰撞时间大于2.5 s；

③目标改变行驶路径并且不会穿过自车报警区域；

④目标已经离开报警区域。

DOW需要在下电后维持一段时间的工作，工作机制如下：

①车辆熄火后，雷达将会持续工作5 min，在该段时间内，雷达将会判断是否满足网络休眠的条件，若满足，雷达将进入网络休眠状态；否则，雷达将持续工作，无法进入网络休眠状态。

②在网络休眠状态下，雷达会被门碰信号唤醒，进入正常工作状态，并能在出现满足开门预警的目标后，进入正常的开门报警模式。

③雷达工作超过 5 min 后，若同时满足了网络休眠和本地休眠的条件，则将进入深度休眠状态。

④下电后，若雷达的工作时间即将满足 5 min，雷达被唤醒并发出开门报警信号，那么雷达将必须使报警信号发送完毕后，方能进入深度休眠状态。

⑤雷达若收到驾驶员的锁车信号，则将直接进入深度休眠状态，直到下一次上电唤醒，否则其无法进入深度休眠状态，会持续工作。

（四）后碰撞预警

1. 功能

如图 9-2-6 所示，当传感器探测到有目标车辆进入追尾探测区域，并与本车存在潜在的碰撞危险时，即向驾驶员发出后碰撞预警（RCW）。根据危险等级不同，可分为二级报警。

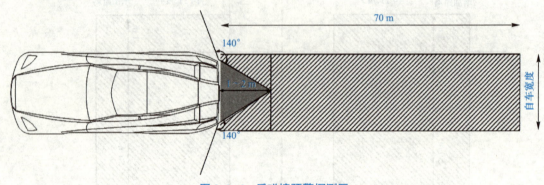

图 9-2-6　后碰撞预警探测区

2. 工作原理

（1）唤醒条件。下列情况同时满足后，系统 RCW 功能唤醒：

①系统唤醒；

②前进挡或空挡；

③系统可用（没有临时性或永久性错误）；

④驾驶员开启系统；

⑤车辆速度在激活速度（20 km/h）以上；

⑥车辆转弯半径在 125 m 以上。

（2）RCW 开启条件。满足以下条件后，RCW 报警开启：

①目标位于报警区域内且碰撞时间小于或等于 2.5 s（一级报警为 2.5 s，二级报警为 1.5 s）；

②目标的相对速度大于或等于 15 km/h。

（3）RCW 关闭条件。当满足以下条件时，RCW 报警关闭：

①目标的碰撞时间大于 2.5 s；

②目标的相对速度小于 15 km/h；

③目标离开报警区域。

（五）倒车侧向碰撞预警

1. 功能

倒车侧向碰撞预警（RCTA），在本车进入倒车状态（包括车辆处于 R 挡状态，而车辆未启动）后该功能启用。倒车时，若后方有运动车辆轨迹与自车有交叉，系统进行报警。RCTA 报警区域是后方左侧和后方右侧的区域，纵向最大报警距离为 8 m，横向最大报警距离为 30 m，横向最小报警距离为 0.5 m，如图 9-2-7 所示。

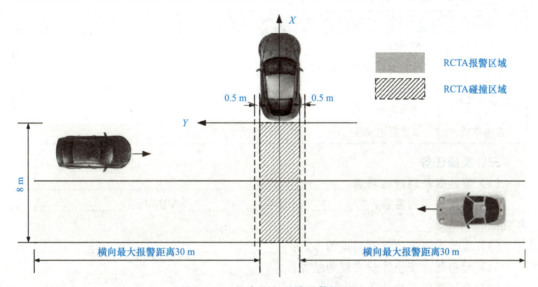

图 9-2-7　倒车侧向碰撞预警探测区

2. 工作原理

（1）RCTA 唤醒条件。下列情况同时满足后，系统 RCTA 功能唤醒：

①系统唤醒；

②车辆处于倒挡；

③系统可用（没有临时性或永久性错误）；

④驾驶员开启系统；

⑤自车车速不超过 10 km/h。

（2）RCTA 开启条件。目标必须完全满足下列条件：

①速度矢量匹配，即目标要横穿过自车的行驶路径；

②碰撞时间等于或小于 3 s；

③目标速度小于或等于 30 km/h。

（3）RCTA 关闭条件。在下列情况下报警会终止：

①目标的碰撞时间大于 3 s；

②目标改变行驶路径并且不会穿过自车行驶路径；

③目标离开报警区域。

 **任务实施**

一、实操目标
（1）能够实物认知前雷达驾驶辅助的功能和原理。
（2）能够实物认知后雷达驾驶辅助的功能和原理。

二、实施计划

项目	内容
时间安排	45 min
实操车型	智能驾驶辅助系统的汽车 1 台
设备与工具	万用表 1 个； 常用工具 1 套
注意事项	注意用电安全

三、实操任务
（1）雷达驾驶辅助的功能：＿＿＿＿＿＿＿＿＿＿＿＿＿＿＿＿＿＿＿＿＿＿＿＿。
（2）实操车型的品牌：＿＿＿＿＿＿，型号：＿＿＿＿＿＿，VIN 码：＿＿＿＿＿＿＿＿，
年款：＿＿＿＿＿＿＿＿。
（3）实操车辆雷达驾驶辅助的系统：＿＿＿＿＿＿＿＿＿＿＿＿＿＿＿＿＿＿＿。
（4）后部智能安全防护实现的功能：＿＿＿＿＿＿＿＿＿＿＿＿＿＿＿＿＿＿＿。
（5）盲区监测开启的条件：＿＿＿＿＿＿＿＿＿＿＿＿＿＿＿＿＿＿＿＿＿＿。
（6）后碰撞预警开启的条件：＿＿＿＿＿＿＿＿＿＿＿＿＿＿＿＿＿＿＿＿。
（7）对应实车认知雷达驾驶辅助系统，从车辆前端到后端所实现的预警功能按照顺序记录下来。

＿＿＿＿＿＿＿＿＿＿＿＿＿＿＿＿＿＿＿＿＿＿＿＿＿＿＿＿＿＿＿＿＿＿＿＿＿

＿＿＿＿＿＿＿＿＿＿＿＿＿＿＿＿＿＿＿＿＿＿＿＿＿＿＿＿＿＿＿＿＿＿＿＿＿

＿＿＿＿＿＿＿＿＿＿＿＿＿＿＿＿＿＿＿＿＿＿＿＿＿＿＿＿＿＿＿＿＿＿＿＿＿

＿＿＿＿＿＿＿＿＿＿＿＿＿＿＿＿＿＿＿＿＿＿＿＿＿＿＿＿＿＿＿＿＿＿＿＿＿

＿＿＿＿＿＿＿＿＿＿＿＿＿＿＿＿＿＿＿＿＿＿＿＿＿＿＿＿＿＿＿＿＿＿＿＿＿

＿＿＿＿＿＿＿＿＿＿＿＿＿＿＿＿＿＿＿＿＿＿＿＿＿＿＿＿＿＿＿＿＿＿＿＿＿

＿＿＿＿＿＿＿＿＿＿＿＿＿＿＿＿＿＿＿＿＿＿＿＿＿＿＿＿＿＿＿＿＿＿＿＿＿

＿＿＿＿＿＿＿＿＿＿＿＿＿＿＿＿＿＿＿＿＿＿＿＿＿＿＿＿＿＿＿＿＿＿＿＿＿

＿＿＿＿＿＿＿＿＿＿＿＿＿＿＿＿＿＿＿＿＿＿＿＿＿＿＿＿＿＿＿＿＿＿＿＿＿

＿＿＿＿＿＿＿＿＿＿＿＿＿＿＿＿＿＿＿＿＿＿＿＿＿＿＿＿＿＿＿＿＿＿＿＿＿

心得体会

_____
_____
_____
_____
_____
_____
_____
_____
_____

微课：基于雷达的驾驶辅助

任务 3

自适应巡航技术的认识

任务引导

相较于定速巡航，自适应巡航系统能够减少驾驶员需要不断取消和设定定速巡航功能的动作，适用于更多的道路情况。自适应巡航除可以根据驾驶员要求设定车速外，还可以通过对发动机和制动器进行适当控制，在驾驶员不干预的情况下，对汽车进行自动化的调整。自适应巡航控制所用的关键器件是什么，基于摄像头的驾驶辅助有什么功能，这是本任务需要了解的内容。

任务描述

通过本任务的学习，了解自适应巡航系统的工作原理，以及其与其他模块的配合应用，掌握摄像头驾驶辅助的功能、原理，为后续的应用场景学习打下坚实的基础。

任务目标

1. 具有一定的信息素养和创新意识。
2. 能描述自适应巡航系统的工作原理。
3. 能描述基于摄像头的驾驶辅助的功能。

任务准备

一、全速域自适应巡航

自适应巡航部分可以分为 4 个子功能，分别为全速域自适应巡航（ACC）、高速智能领航（ICA）、交通拥堵辅助（TJA）与弯道巡航辅助（BCA）。

1. 工作原理

雷达模块通过 ESC、EPS、ECM、TCM、BCM、SDM、IPC 采集相关车辆状态，结合自身探测的外部环境或结合摄像头（若采用雷达和摄像头融合方案）探测的目标，判断是否需要发出加速或减速请求给 ESC，ESC 中的相关控制模块进行控制发动机扭矩或制动系统的介入，同时通过 IPC 显示相关信息给用户，辅助驾驶员舒适驾驶，如图 9-3-1 所示。

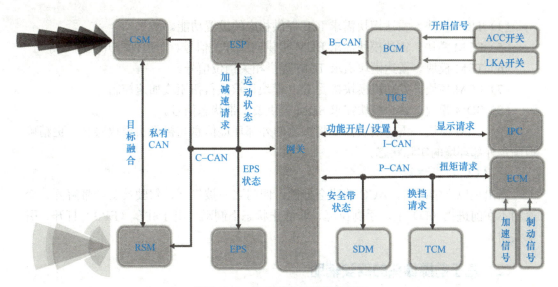

图 9-3-1　全速域自适应巡航原理

2. 雷达模块与其他模块的配合

自适应巡航系统是一个由各系统配合的综合控制，参与控制的模块有 EPS 模块、ESP 模块、车身模块、变速箱模块、发动机控制模块、组合仪表、娱乐系统等，如图 9-3-2 所示。

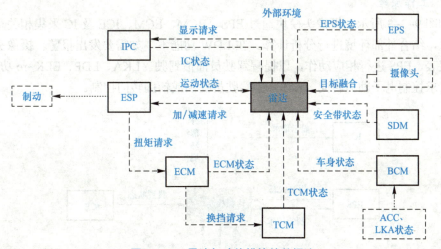

图 9-3-2　雷达与功能模块的数据流

（1）EPS 模块。EPS 模块向雷达模块提供方向盘的转角信息、EPS 的运行状态信息及检测驾驶员是否有干预转向。接收雷达模块的控制请求，转动方向盘至请求的方向盘角度。

（2）ESP 模块。雷达模块需求 ESP 模块发送相应的车速、轮速、轮速方向、轮速脉冲信号等，同时雷达模块依据巡航控制的需求，请求 ESP 模块执行加减速。

（3）IPC 模块。雷达模块需求 IPC 模块供巡航过程所需的信息显示。

（4）TICE 模块。雷达模块需求 ICE 提供相应的设置功能。

（5）BCM 模块。雷达模块需求 BCM 提供巡航开关信号、车道保持开关信号等。

（6）TCM 模块。雷达模块需求 TCM 提供相关挡位信号。

（7）ECM 模块。发动机模块接受 ESP 模块请求执行扭矩或加速控制。

（8）SDM 模块。雷达模块需求 SDM 提供安全带状态信号。

（9）CSM 模块。雷达模块需要将探测的外部环境信息与摄像头模块融合，更精确地确定外部环境的实际状态。

3. ACC 功能抑制性

当出现以下情况时，ACC 功能会抑制：四门之一被打开、驾驶员安全带解开、变速箱不在前进挡（D）上、手刹拉起、非静止状态下制动、电子驻车（EPB）打开、引擎关闭等。

二、基于前摄像头的驾驶辅助

在 ADAS 系统中基于摄像头模块工作的有三大功能，分别为车道保持、智能限速、自动灯光。

（一）车道保持

车道保持部分的功能可以分为车道保持（LKA）、车道偏离预警（LDW）、车道偏离抑制（LDP）、道路边缘偏离辅助（ELK-re）。

1. 工作原理

如图 9-3-3 所示，摄像头模块通过 EPS、BCM、ECM、ICE 及 IC 采集相关车辆状态信息，结合外部环境进行分析计算。在 LDW 功能下，如需要发出报警，摄像头模块请求仪表、EPS 进行相应动作，以提醒驾驶员谨慎驾驶。LKA、LDP、ELK-re 功能下，通过请求控制电子助力转向（EPS）为驾驶员提供或辅助转向控制。

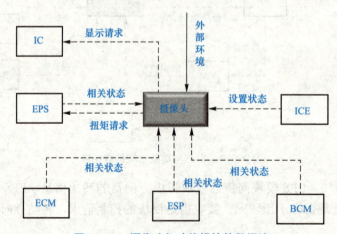

图 9-3-3　摄像头与功能模块的数据流

2. 摄像头模块与其他模块的配合

车道保持系统参与控制的模块有以下几类。

（1）EPS 控制模块。EPS 控制模块向摄像头模块提供方向盘的转角信息、EPS 的运行状态信息及检测驾驶员是否有干预转向。摄像头模块在车道保持的控制过程中，请求 EPS 执行方向控制等。

（2）IC 模块。车道保持功能中，摄像头模块需求 IC 提供相应的信息显示或提醒。

（3）ICE 模块。车道保持功能中，ICE 提供相应的设置功能。

（4）BCM 模块。车道保持功能中，BCM 提供报警灯信号等。

（5）ECM 模块。发动机模块接受 ESP 模块请求执行扭矩控制。

（6）ESP 模块。车道保持功能中，ESP 模块向摄像头模块提供车速信号。

3. 车道偏离预警功能抑制性

当出现以下情况时，车道偏离预警功能会抑制：车速低于 55 km/h、车速高于 180 km/h、横摆角速率过高、自车道丢失、车道过宽 > 5.5 m、车道过窄 < 2.5 m、车道曲率过高等。

（二）智能限速

智能限速部分的功能有限速标识预警（TSW）、智能限速辅助（TSA）。

1. 工作原理

当开启限速标识预警功能时，摄像头模块开始工作，其采集外部限速标志信息并通过 CAN 网络与多媒体导航进行信息融合对比，最后通过 CAN 网络将确定的限速数据发送至仪表进行显示；当开启智能限速辅助功能时，摄像头模块依据实际的限速标志信息，请求发动机模块进行扭矩的调节，实现对车速的自动调节，达到智能限速辅助的目的。

2. 交通标志识别功能的局限性

出现以下情况，智能限速系统不工作：摄像头故障、摄像头遮挡，以及受限的视野、摄像头未正确校准，性能会降低；受到导航精确度和过期导航数据库的影响；探测同地面侧倾角度超过约 8°，俯仰角度超过约 10° 或横摆角度超过 10° 的交通标识时，探测质量下降。

（三）自动灯光

智能远近光的开启。大灯开关调到"Auto"挡，在车载娱乐模块内将智能远近光切换功能开启。功能被激活时，组合仪表的指示灯以白色显示。

1. 工作原理

自动远光灯（IHMA）功能根据交通和环境因素来请求开启或关闭远光灯，此功能可以在夜间行车中实现前照灯的优化使用。如果没有车辆和其余交通参与者被探测到，系统会激活远光灯。如果有会车、跟车或路灯照明灯状况存在，远光灯会被关闭。

IHMA 功能通过 BCM 采集相关车辆状态并通过 CAN 总线发送给摄像头，摄像头结合外部环境判断是否需要开启远光灯并将请求发给 BCM，以点亮前大灯。

2. 灯光切换功能局限性

出现以下情况时，灯光切换功能不工作：判定为自眩目推荐使用近光灯、车速过低（< 10 km/h）推荐使用近光灯、环境亮度高推荐使用近光灯、特殊交通状况推荐使用近光灯。

 任务实施

一、实操目标

（1）能够实物认知自适应巡航系统的工作原理。

（2）能够实物认知基于摄像头的驾驶辅助的功能。

二、实施计划

项目	内容
时间安排	45 min
实操车型	智能驾驶辅助系统的汽车 1 台
设备与工具	万用表 1 个； 常用工具 1 套
注意事项	注意用电安全

三、实操任务

（1）基于前摄像头的驾驶辅助的功能：＿＿＿＿＿＿＿＿＿＿＿＿＿＿＿＿＿。

（2）实操车型的品牌：＿＿＿＿＿＿，型号：＿＿＿＿＿＿，VIN 码：＿＿＿＿＿＿＿，

年款：＿＿＿＿＿＿＿。

（3）实操车辆基于前摄像头的驾驶辅助功能：＿＿＿＿＿＿＿＿＿＿＿＿＿＿＿＿。

（4）智能限速部分的功能：＿＿＿＿＿＿＿＿＿＿＿＿＿＿＿＿＿＿＿＿。

（5）说明交通标志识别功能限制条件＿＿＿＿＿＿＿＿＿＿＿＿＿＿＿。

（6）按照指导教师的要求，模拟实际情况操作实现智能远近光切换，并说明灯光切换功能局限性。

（7）对应实车认知前摄像头的驾驶辅助系统，将从车辆前端到后端所实现的功能按照顺序记录下来。

＿＿＿＿＿＿＿＿＿＿＿＿＿＿＿＿＿＿＿＿＿＿＿＿＿＿＿＿＿＿＿＿＿

＿＿＿＿＿＿＿＿＿＿＿＿＿＿＿＿＿＿＿＿＿＿＿＿＿＿＿＿＿＿＿＿＿

＿＿＿＿＿＿＿＿＿＿＿＿＿＿＿＿＿＿＿＿＿＿＿＿＿＿＿＿＿＿＿＿＿

＿＿＿＿＿＿＿＿＿＿＿＿＿＿＿＿＿＿＿＿＿＿＿＿＿＿＿＿＿＿＿＿＿

＿＿＿＿＿＿＿＿＿＿＿＿＿＿＿＿＿＿＿＿＿＿＿＿＿＿＿＿＿＿＿＿＿

＿＿＿＿＿＿＿＿＿＿＿＿＿＿＿＿＿＿＿＿＿＿＿＿＿＿＿＿＿＿＿＿＿

＿＿＿＿＿＿＿＿＿＿＿＿＿＿＿＿＿＿＿＿＿＿＿＿＿＿＿＿＿＿＿＿＿

＿＿＿＿＿＿＿＿＿＿＿＿＿＿＿＿＿＿＿＿＿＿＿＿＿＿＿＿＿＿＿＿＿

＿＿＿＿＿＿＿＿＿＿＿＿＿＿＿＿＿＿＿＿＿＿＿＿＿＿＿＿＿＿＿＿＿

＿＿＿＿＿＿＿＿＿＿＿＿＿＿＿＿＿＿＿＿＿＿＿＿＿＿＿＿＿＿＿＿＿

心得体会

_____
_____
_____
_____
_____
_____
_____
_____
_____
_____
_____
_____

微课：基于摄像头的驾驶辅助

智能驾驶辅助系统的认识评价表

评价任务	评价内容	评价标准	评价等级		
			自评	组评	师评
信息收集 （10分）	专业资料 准备 （10分）	1. 能根据任务，熟练查找资料，能较全面地获取所需要的专业资料。（8～10分） 2. 熟练查找资料，能部分获取所需要的专业资料。（5～7分） 3. 没有查找专业资料或资料极少。（0～4分）			
实际操作 （70分）	着装和工器具选用 （15分）	1. 合理着装，合理选取工器具，合理布置工作现场。（12～15分） 2. 未合理着装，未合理选取工器具，合理布置工作现场。（9～11分） 3. 未合理着装，未合理选取工器具，未合理布置工作现场。（0～8分）			
	车道保持技术的认识 （20分）	1. 能全面认识智能驾驶辅助系统的组成及功能，内容记录完整。（16～20分） 2. 能部分认识智能驾驶辅助系统的组成及功能，存在2项以内错误，内容记录部分完整。（12～15分） 3. 填写不完整，存在3项以上错误，内容记录不完整。（0～14分）			
	智能安全防护技术的认识 （20分）	1. 能全面认识前后雷达在驾驶辅助上的功能和原理，内容记录完整。（16～20分） 2. 能部分认识前后雷达在驾驶辅助上的功能和原理，存在2项以内错误，内容记录部分完整。（12～15分） 3. 填写不完整，存在3项以上错误，内容记录不完整。（0～14分）			
	自适应巡航技术的认识 （15分）	1. 能全面认识摄像头驾驶辅助的功能、原理，内容记录完整。（12～15分） 2. 能部分认识摄像头驾驶辅助的功能、原理，存在2项以内错误，内容记录部分完整。（9～11分） 3. 填写不完整，存在3项以上错误，内容记录不完整。（0～8分）			

评价任务	评价内容	评价标准	评价等级		
			自评	组评	师评
基本素质（20分）	严谨细致（10分）	1. 能按要求进行细致操作。（8～10分） 2. 能完成操作，但过程中有遗漏步骤。（5～7分） 3. 不能按照要求完成操作。（0～4分）			
	遵章守纪（10分）	1. 能完全遵守实训管理制度和劳动纪律，无违纪行为。（8～10分） 2. 能遵守实训管理制度，迟到／早退1次。（5～7分） 3. 违反实训管理制度，或旷课1次。（0～4分）			
总成绩		备注　总成绩＝自评分×0.2＋组评分×0.3＋师评分×0.5			

课程素质案例

让"聪明的车"走好"智慧的路"——智能网联汽车产业新生态观察

参 考 文 献

[1] 李春明. 汽车底盘电控技术 [M]. 4版. 北京：机械工业出版社，2020.

[2] 杨智勇，金艳秋，翟静. 汽车底盘电控系统原理与检修一体化教程 [M]. 北京：机械工业出版社，2021.

[3] 栾琪文，于京诺. 汽车底盘及车身电控系统维修 [M]. 2版. 北京：机械工业出版社，2019.

[4] 赵良红. 汽车底盘电控技术 [M]. 北京：机械工业出版社，2012.